家族信托

面向受益人、受托人、保护人及创立人的信托指南

哈特利·戈德斯通
（Hartley Goldstone）
小詹姆斯·E. 休斯 ◎ 著
（James E. Hughes, Jr.）
基思·惠特克
（Keith Whitaker）

武良坤 ◎ 译

上海财经大学出版社 WILEY

图书在版编目(CIP)数据

家族信托:面向受益人、受托人、保护人及创立人的信托指南/(美)哈特利·戈德斯通(Hartley Goldstone),(美)小詹姆斯·E.休斯(James E. Hughes, Jr.),(美)基思·惠特克(Keith Whitaker)著;武良坤译.—上海:上海财经大学出版社,2020.8

书名原文:Family Trusts: A Guide for Beneficiaries, Trustees, Trust Protectors, and Trust Creators

ISBN 978-7-5642-3483-6/F·3483

Ⅰ.①家… Ⅱ.①哈… ②小…③基…④武… Ⅲ.①家族-私营企业-信托投资-指南 Ⅳ.①F830.59-62

中国版本图书馆CIP数据核字(2020)第029907号

□责任编辑 陈 佶
□封面设计 贺加贝

家 族 信 托

——面向受益人、受托人、保护人及创立人的信托指南

哈特利·戈德斯通
(Hartley Goldstone)
小詹姆斯·E.休斯
(James E. Hughes, Jr.) 著
基思·惠特克
(Keith Whitaker)
武良坤 译

上海财经大学出版社出版发行
(上海市中山北一路369号 邮编200083)
网 址:http://www.sufep.com
电子邮箱:webmaster@sufep.com
全国新华书店经销
上海华业装璜印刷厂印刷装订
2020年8月第1版 2020年8月第1次印刷

787mm×1092mm 1/16 15.5印张(插页:2) 222千字
定价:68.00元

图字:09-2020-198 号

Family Trusts

A Guide for Beneficiaries, Trustees, Trust Protectors, and Trust Creators

Hartley Goldstone, James E. Hughes, Keith Whitaker

献给罗伊丝(Loyce)、本(Ben)和乔恩(Jon)。

——哈特利·戈德斯通

近30年来,我与帕特丽夏·M. 安格斯(Patricia M. Angus)、理查德·巴卡尔(Richard Bakal)和琼妮·布朗夫曼(Joanie Bronfman)一直想扭转信托受益人的观念,让他们相信自己名下的信托其实是一种福泽,而不是负担。故将此书献给一路与我同行的上述三人,以及支持我的杰奎琳·梅瑞尔(Jacqueline Merill)。

——小詹姆斯·E. 休斯

献给信任我的母亲,以及教我成为可信之人的父亲。

——基思·惠特克

前　言

杰伊·休斯

从20世纪80年代开始，琼妮·布朗夫曼、理查德·巴卡尔和我就开始研究信托，直到现在。我们想让所有人都能理解信托创立人、受托人和受益人之间的关系，想让这种关系更人性化。于是，我们就开始确定并划分隐藏在信托文化和结构背后的这三种角色的规则和责任。本书作者之一——哈特利·戈德斯通把三者的组合称为"信托系统圈"。1997年，我把我们的早期研究成果写在了我的《家族财富 将财富留在家族内》一书里。多年来，这些成果已经完善了很多。在本书中，我把它们提到了一个更高的层次。

80年代末，皮特·怀特(Peter White)、琼妮·布朗夫曼、安妮·德·安德烈(Annie D'Andrea)还有我，组织了我认为是信托受益人的第一次专场会议。此前，我们惊讶地发现，在我们的从业生涯中，很多受益人觉得他们的信托是一种负担，而不是一种福泽。于是，我们就想，为什么一份看上去是一件"好事"的信托，似乎往往最终变成了一件"坏事"。我们决定办这场会议的时候，一共邀请了50多位受益人，但预期可能只有十几个人会接受邀请。结果，所有人都接受了，让我们大吃一惊，心想："我们刚刚挑起了什么事啊?"会议当天，50多位受益人悉数到场。开会不久，我们做了一个小调查，"作为信托受益人，你们觉得自己手中的信托是一种负担，还是一种福泽?"结果，80%的人举手认为是"负担"，10%的人认为是“福泽”，剩下的人徘徊在两者之间。

也许，很多正在读本书的信托受益人对我在受益人中做的每一次调查并不感到意外，因为——我已经做过很多次——调查结果一直都是这样：约80%的受益人认为他们的信托是一种负担，10%的人觉得是一种福泽，剩余的人则不确定。自此之后，我基于这些结果就暗下决心，看一看我和同事们是否能够改变这种认知比例。于是便有了本书。

上面的认知比例不只是受益人的问题。改变这些比例，对家族长期的兴旺发达也极其重要。在信托职业圈子里，大家都知道，家族传到第三代时，90%的家族财富很可能被放在了信托里。基本上对所有王朝式的家族而言，信托代表着对家族财富的绝大部分所有权。所以，这些家族的信托文化、结构，他们的“信托系统圈”，以及他们的受益人—受托人关系，势必决定着“富不过三代”的“熵变”是否会发生在他们自己身上。我们从事信托行业的人，通常把自己服务的家庭所面临的这种现实状况称为“信托波”(the trust wave)。

80%的信托受益人公开称自己的信托是一种负担。90%的王朝式家族的财富现在处于或者到第三代受益人的时候将处于信托之中。以上种种情况，综合起来强调的是：信托作为一种福泽，对一个家族的兴旺发达将会非常重要。另外还有一点也非常重要：我们要向把信托当成一种福泽的少数受益人学习。这就是我们在本书中努力要做的事。

在下文开始之前，针对特定年龄段人口的另一个很重要的趋势，我想谈一谈自己的看法。信托会不断地为遗嘱做检验，但最关键的是为了控制权寻找缘由，其目的不仅是完成税收的转移规划，还有就是保护信托资产。即便对那些没有足够的财富(目前的要求刚刚超过1 000万美元)而无法使用信托来转移税收的家族而言，这句话依然是对的。在拥有巨额财富或者跨代财富的家族中，受益人或许会发现自己在20多岁或更小的时候就开始面临信托分配问题。在诸多其他家族中，因为家族成员的寿命越来越长，儿孙辈可能只有到了中年甚至中晚年，才能开始接受信托分配，而那时他们的父母或祖父母均已离世。不过，虽然受益人享受信托收益的时间推迟了，但并不意味着这些信托，尤其是坐拥巨额财富的信托，不会影响受益人的未来生活。对那些40多岁、50多岁或者60多岁的受益人而言，这些信托既可能提高也可能降低他们的生活质量。我们没有人天生就是出色的受益人。想要做好受益人，不管你的年龄有多大，必须得有良好的教育背景和工作。实际上，一般来讲，人通常很难在后半生改变自己的生活习性，所以，享受信托益处的时间被推迟，可能为信托的成功应用造成一种麻烦，而且推迟越晚，麻烦越大。我们希望本书所讲的操作办法能够帮助受托人和受益人识别并克服这种麻烦。

本书其他两位作者还有我都很关心人的发展问题，尤其是和谐家族的发展问题。这些家族希望能为自己的“七世孙们”做好打算。也就是说，他们想认真地思考当前所作所为将会给七代以后的子嗣们产生什么影响。这些家族在各自量化资本，即财富资本的支持下，保留并培养着四大品质资本——精神资本、人力资本、智力资本和社会资本。在核心大局观方面，这样的家族对自己每个家族成员以后会成为什么样的人，有着共同的认识。这些家族的成员们通过他们的联合决策机制——这是他们的家族治理方式——决定放弃自己的自由，来帮助其他所有家族成员获得更多幸福，实现更大的自由。不过，一旦他们知道自己是在为将来150年做计划，就必须得多做一些更加严肃、全面的决策，而不是做出漏洞百出的决策。而且，在决策态度上，“慢慢加速”可能会成为他们的选择。他们的投资是长期的，目的是希望自己的子孙能够坐享他们这代人辛辛苦苦创造的劳动成果。相比之下，当我们遇见一个家族觉得自己只有财富资本的时候，常常会心生忧虑。因为根据我们的经验以及之前的历史，家族中存在这样的想法很可能不会让这个家族兴旺发达起来。

我们给很多家族提供过建议，但从这些家族信托及其运作或者失败中，我们总结出了什么经验呢？为什么这些家族的受益人极少把信托当作一种福泽呢？

首先，我们发现，我们所讲内容的重点必须是受益人，而不是信托创立人或者受托人。排在几乎所有信托著作第一位的，基本上都是关于信托创立人对税收、债权人和控制权问题的规划，然后就是受托人在信托日常管理和投资问题上存在的顾虑。信托创立人很容易让大部分职业信托人把信托创立人——而不是受益人——当成付给他们报酬的委托人。极少有书和文章会同时论述信托关系中的受益人角色和信托的分配职能。如果讲了，常常也是批评受益人仗着自己的身份养成依赖的习惯，坐享信托赋予的权利，过着失败的婚姻生活，染上瘾癖，或者存在其他发展不良的问题。如果我们把受益人的成长当作一个至关重要的目标，这种观点显然是非常令人失望的。

相比之下，我们很早就发现，把受益人及其肩负的责任和目标放在第一位，或许能另辟蹊径，帮助受益人茁壮成长。这个思路是在基思·惠特克、苏珊·马森奇奥和我合著的《馈赠周期》(彭博社，2013 年)一书中首次提出的。在书中，我们将“馈赠”或者“转让人”称为闯入接受人“大气层”的“彗星”。接受人必须得适应这颗“彗星”的撞击。我们的问题是：“捐赠人或者转让人往这颗‘彗星’里注入了什么呢?”是给接受人的爱吗？是对提高接受人生活质量的期望吗？是对接受人可能存在债权人的担心吗？是转让人的税务问题吗？是想将信托创立人的梦想长期掌握在手中的欲望吗？这颗“彗星”是奥兹曼迪亚斯纪念碑，要求接受人必须臣服于自己的慈悲之下吗？由此，我们可以很快看出，让与人花在受益人身上的心思是多么重要。

下面，我们聊一聊受益人追求自我个性的问题。实际上，这个问题在基思、苏珊还有我合著的《新生代之声》(彭博社，2014 年)中早已讨论过。哈特利·戈德斯通和凯西·怀斯曼(Kathy Wiseman)曾写过一本《值得信任》(Trustscape LLC，2012 年)。书中穿插了很多有关受益人—受托人积极关系的精彩案例。我们又读了一遍，结果发现，信托若具备高度成熟的分配职能(这的确是关键)——初衷在于协助受益人形成自己的个性，锻炼自己的韧性，培养适应生活起伏的能力，实现自己的梦想——可以防止受益人丧失独立性，依赖信托授予的权利，变得愤世嫉俗，乃至沾染上瘾癖——酒瘾或者毒瘾，还有对信托分配“上瘾”。

当时我们认为，信托必须把接受人放在第一位，并从接受人开始倒推，构建起一个高效的信托分配方法论。然后，从方法论出发，信托必须要保证这份爱的馈赠的质量，力求提高受益人的生活质量，从而积极地向信托分配中注入活力。如果信托可以做到这点，那么受益人把信托视作一种福泽的概率将会大幅提高。反过来讲，一位视信托为福泽的受益人极有可能希望，所有拥有信托的家族不管是在当下还是在未来几代，都能处在一种类似的积极氛围中。像这样的受益人，当他/她想向家族讲述正面事迹、分享积极的操作方法的时候，非常有可能会加强这个家族的治理，振兴家族。

基于以上观点，我们现在可以讨论一下受托人的本性特点。受托人可能专注于把与受益人有关的信托关系变成一种富有指导意义、目的性很强（感谢约翰·A. 瓦尼克）、能够完成崇高摄政使命（感谢帕特丽夏·M. 安格斯）的关系。我们发现，虽然在受益人—受托人关系中，有时会出现受益人有权选择受托人的情况，但是，几乎所有的受益人—受托人关系都是“包办婚姻”。这是因为受托人只是某个法律框架中的一部分而已。根据这个框架，受托人有责任维持公平、处事谨慎，能同时履行多重职责，但没要求受益人必须保护信托和信托创立人的遗愿。在这些要求中，极少是直接与受益人的福利问题相关的。所以，从本质上讲，受托人是“嫁给了”信托。

认识到这一点，我们也就明白：在极为普遍的情况下，受托人更关心的是信托“结构”问题，而不是信托营造出的“文化”问题。对受益人来说，这种信托文化是可以世代传递的。信托文化通常把信托创立人的问题放在首位，也就是说，我是想完成一个提高受益人生活质量的爱的馈赠吗？还是说，我只是想转移财富而已？通过财富转移，我对税务问题的担忧就解决了，也无需担心受益人的债权人会动用我的资金，甚至可能还会为我的梦想留个纪念。现如今，我的梦想已经嵌入一项伟大的事业中，而我希望我的孩子还有我，能争取到这项事业的话语权。上面这些目标都是合情合理的；但是，它们孰先孰后，则决定着信托到底是一种福泽，还是一种负担。

受托人往往无法为受益人确定一系列积极目标，营造出一种积极的信托文化。于是，受益人必须得置身于一种基于信托创建人目标的关系结构中。然而，在这些目标中，受益人常常会受到蔑视或者忽视。受益人关切的问题经常淹没于这种关系结构无穷的管理琐事里。所以，对受益人而言，这种信托文化是非常被动、消极的。这个观点来自马修·韦斯利的文章："信托文化把结构当早餐吃"(Culture Eats Structure for Breakfast)(韦斯利集团，2015 年)。在此，向马修·韦斯利表示感谢。

通过这么多观点和反思，我们发现，判断一份信托是在以后营造出一种积极而又活泼的文化，还是困于一种静止而又压抑的结构框架中被动退化，一个非常好的办法就是问一问这样的问题：这份信托(在受托人的指导下)会通过动态分配促进受益人成长、培养个性吗？还是说，这份信托做的是毫无结果的"年金型"分配支付，使受益人养成依赖习惯？对那些用心的受托人和信托创立人而言，他们真的应该特别重视信托的分配职能。然而，在大部分信托里，信托的分配职能常常"胎死腹中"；据推测，信托分配的最终结局就是成为一种"年金"。

通过受益人的视角，看一看当今存在的通用型信托系统圈，我们发现，大部分信托在创建时的目的，并不是想培养优秀的受益人。除了这一条，它们的信托文化可以做任何事情。

相比之下，如果想让信托成为一种福泽，帮助家族兴旺发达，那么，我们就需要新的文化、结构和制度来充实信托。我们需要信托文化来培养出优秀受益人、结构和制度，进而实现家族的兴旺发达。我们需要优秀的受益人能确保与他们的受托人维持非常友好的关系。我们需要受托人在自己营造的信托文化中，把信托创立人的信托当作一种"馈赠"，而不是"财产转移"。我们需要信托创立人认真听取他人建议，了解清楚信托到底能做什么，给另外一个人——对此人而言，信托永远都像一颗"彗星"——带来的后果是什么。我们接触彼此的时候，如果每个人的根本职责就是"不伤害他人"——事实上，职责就是这个——尤其是在 90%的家族财富极有可能会放在信托中的时候，80%的信托受益人把信托看成一种“负担”而不是“负责”，这种现实真的让人很难过。很明显，在这种情况下，给他人带来伤害的风险是很大的。

受益人如果能够理解或者掌握自己在信托创建的关系中的角色作用，而不是反过来被角色作用拖累，那么，责任心强的受益人肯定会在这些信托关系中自然而然地发挥出更高效的职能作用。从很大程度上讲，这些受益人往往会把信托当成一种福泽，而且可能会对信托创立人讲：“我不但没有受到伤害，反而收到了您的爱和祝福。”也许，他们还会对自己的受托人讲：“我不但没有受到伤害，反而我的生活因你我之间的良好关系而得到了提高。”

我的同事：皮特·怀特、琼妮·布朗夫曼、理查德·巴卡尔、安妮·德·安德烈、苏珊·马森奇奥、帕特丽夏·M. 安格斯、约翰·A. 瓦尼克、蒂莫西·贝尔伯、皮特·卡洛夫(Peter Karoff)、迈克尔·J. A. 史密斯(Michael J. A. Smith)、萨拉·汉密尔顿(Sara Hamilton)、盖尔·科恩(Gail Cohen)、丹尼斯·贾菲(Dennis Jaffe)、艾伦·佩里(Allen Perry)、唐·科苏思科(Don Kozusko)、戴维森·戈登(Davidson Gordon)、约翰·邓肯(John Duncan)、克里斯多夫·阿姆特朗(Christopher Armstrong)、约瑟夫·A. 菲尔德(Joseph A. Field)、凯西·怀斯曼、克里斯蒂安·斯图尔特(Christian Stewart)、芭芭拉·豪瑟(Barbara Hauser)、夏洛特·贝尔(Charlotte Beyer)、格里高利·柯蒂斯(Gregory Curtis)、保罗·卡梅伦(Paul Cameron)、里克·弗格(Rick Fogg)、肯·波尔克(Ken Polk)、乌利齐·伯克哈特(Ulrich Burkhard)、乔治·哈里斯 (George Harris)、史蒂芬·霍奇(Stephen Hotch)、蒂姆·布朗(Tim Brown)、罗伯·考夫特(Rob Kaufold)、迈尔斯·帕吉特(Miles Padgett)、皮特·埃文斯(Peter Evans)、罗伯特·普里查德(Robert Pritchard)、斯科特·派布(Scott Peppet)、罗伯·考夫特(Rob Kaufold)、胡安·梅耶尔(Juan Meyer)以及参与本项目的其他先驱者们，目前正着手解决令人忧心的积极型信托系统圈的问题，以及系统圈引发的职责和责任问题。长期以来，“信托波”一直在把家族拉向“腐化”的深渊，紧随其后，便是受益人过着失败的信托生活。

本书的其他两位作者——基思和哈特利，以及我，一直在潜心研究这个“没有必要存在的痛苦”背后的真相。我们的目的，就是希望以后再也没有新手受益人在回答“信托是负担还是福泽”的调查时充满疑惑，不知道如何选择答案；我们还希望，当期受益人能改变他们的答案——作为家族成员，他们的家族将会和他们一样成长、兴旺起来。

跟我在之前的书中所说的一样，现在，我请各位选好自己的工作人员，戴上自己的圆帽子，把自己的扇贝壳挂在脖子上，跟着基思、哈特利和我去阅读本指南中的每一个章节。如果你能从中取得一点进步，那就和我一起去培养优秀的受益人吧，这样，所有的信托系统圈可能都会发展起来。

一路顺风！

双手合掌，弯腰礼拜

序　言

哈特利·戈德斯通

这周，有些媒体——很可能是推特——会发布类似“祖父的财产处理导致家庭支离破碎”的头条新闻。

对我而言，这种新闻让人印象非常深刻，常常让我浮想起一个画面——对此，我的祖父南森（Nathan）低着头，眼含泪水，充满疲倦地轻轻摇头，不信这条新闻，说道：“我绝不会让这种事儿发生在我身上。”

在本书中，作者希望你的家族能够避免因财产规划出现重大失败而引发的剧痛。

本指南能为你做什么？

在《家族信托》问世之前，还没有哪本书向家族及其顾问介绍过：做好信托沟通的实操方法；如何清楚地表达意愿；如何培养优秀的受益人；如何寻找、安排和更换优秀的受托人。

本指南的服务对象主要是自身为受托人的家族成员，以及正考虑成为受托人的家族成员。如果你受雇于一家商业信托公司，或者私人信托公司，或者家族办公室（family office），或者你是一家职业律所的合伙人，平时跟受益人谈的都是重质量，而不是单纯看数量的问题，那么，本指南同样对你有用。

再往大了说，本指南的目的就是能帮到家族信托涉及的其他任何人，包括（极其重要的）受益人、信托创立人、信托保护人、信托委员会委员以及法律顾问。

我们假定你已经通过非常出色的技术顾问，掌握了一定程度的信托技术知识。所以，不再花很多时间来介绍税收、最新规章制度、管辖权问题，以及每年都在变的所有其他专业性主题。

最终，本指南剩下的焦点问题就是：竭力提高信托涉及的各方之间的关系质量。

从正能量故事到实际行动

多年前，我离开律师行业，成为一名高级信托管理人。置身于家族成员，特别是信托创立人和受益人之间，在纷扰的两难处境和机遇前，我纵横捭阖、十分畅快。也因此，我的角色转换非常大：在此之前，我是信托创立的参与人，突然之间，却成了类似信托的管理人。

可以想象我对这样的工作多么好奇：每天都有家族成员联系我和其他信托管理人，商谈撤销"天衣无缝"的财产规划。

当时，我每天都要费一番工夫将信托工具与受益人的生活状态对应起来。很显然，我的法律知识帮了我不少忙。然而，我特别开心将时间——在去读法学院之前——花在社会服务机构员工身上，因为在这里，我曾帮人梳理过不少的困难，有些甚至充满了各种危机。

我收到的大部分信函来自索要信托基金的受益人。通信后，我与受益人之间展开了愉快的交流，彼此之间的关系开始加深。在交流收益分配问题的时候，其实是我教育受益人的良机，而且还可借此机会，双方经过深思熟虑，在更大问题上达成相互谅解的方案。或许，我会按如下顺序问受益人："你申请信托基金，想要做什么？"接着是，"为什么信托基金对你如此重要？"倘若我看起来一定会拒绝受益人的申请，那么，我们会审查受益人的申请目的，集思广益，提出几条替代方案，而且在不借助信托的情况下，也能硕果累累。

时过境迁，我对信托管理的热情减退了。这种心理变化并非朝夕之间的事，而且，并没有哪件事、哪部家庭剧或者内部政策变动让我突然丧失了心中的希望；确切地说，这是日积月累的热情下滑造成的。在第一个十年中，我管理信托，在第二个十年里，我为多个家族办公室客户提供建议。二十年里，我见证了自己的职业变迁。

本土的信托公司均被大型金融机构吞并了。权力集中、标准操作以及规避短期风险——这肯定是重点考虑的问题——蚕食着传统的私人信托方式。

对这种信托管理方式，我越发感到效率低，缺乏成就感。所以，2009年，我离开机构信托，开始从事信托咨询。如果我对此曾有过疑虑，那么此刻非常明显的事实是，和谐的信托关系如今不能再像传统“资产”一样来对待，因为它是家族兴旺的根基。人，必须全身心投入高品质的工作中。所以，我通过写作、归纳要义、参加研讨会以及承接相关项目，开始将自己已经掌握（以及正在学习）的如何提振信托关系的知识转化成劳动成果。

这几年，我经历过很多充满正能量的案例，其中，信托的积极作用历久弥坚。这些事——刚好与噩梦般的故事相反——在我心中一直徘徊不去。2010年，我做了一个项目——“讲述信托受益人和受托人之间的故事”。当时，杰伊（Jay）提了一个非常好的建议，让凯西·怀斯曼加入。于是，我们开始四处寻找信托受益人、受托人以及他们的顾问，请他们提供一些关于受托人与受益人之间关系融洽的正能量案例。

受托人与受益人之间的关系有起有落。然而，我们更关心的是他们关系好的时候，甚至包括关系刚开始走低的时候——这可能折射出一种力量和进步，也可能彰显出挑战被克服。

通过这个项目，我们把搜集来的正能量案例写成了《做值得信任的人——信托受益人和受托人关于信托的新视角》[1]，2012年10月已经出版发行。

大家喜欢听故事,因为案例故事会让读者感受到“别的家庭是如何处理关系问题的”。然而,描述一幅呈现出积极效果的前景容易,但帮人真正实现这个结果却是另外一回事。

我们的目的,就是通过《家族信托》这本书,帮助读者充分发挥可用案例,重新组织无用案例。读者可以尝试已经被我们证实过的一些操作手法;另外,我们设计了独具匠心的问题,也可启发读者产生新思路;至于用于解说目的的案例,它们能帮助读者将案例素材同自己的生活和习惯对应起来。我们就是以这种方式将书中的思想生动地呈现出来。这样,我们就能一起改变受托人与受益人之间的关系状态。

每一位从事信托工作的人都知道信托的核心问题所在:父母及祖父母们心中都有一种害怕心理,**自己如何才能帮子孙们茁壮成长,而不是把他们变成“信托基金婴儿”(trust fund babies)**?这种害怕心理往往会酿成信息沟通延迟,小秘密滋生,以及良机错失。所以,他们越害怕什么,这种事情就越会发生:如果没有妥善安排好受益人,往往这样的受益人表现也不好。

在面临同样的畏惧心理时,一个优秀的受托人、一位聪明的顾问或者一个果断的受益人可以实现完全不同的结果。

当受托人和受益人不再将把双方捆绑在一起的信托视为眼中钉,反而开始视其为帮受益人实现生活理想的手段的时候,我们将见证受益人的生活为此而发生的变化。

我是个爱讲故事的人,知道把上面这个观点讲透彻的最好办法并不是纯粹地阐述它,而是通过一个故事让它“活起来”、展示出来。所以,我附了一篇故事作为序言结尾。

家族信托故事一则

第一部分

祖父和祖母攒了一笔财富，预约了一名律师来制订财产规划。

约期渐近。这些天，祖父、祖母彻夜难眠，担心自己的财富会把孩子们变成“信托基金婴儿”。

预约的日子到了。

祖父、祖母来到律师办公室，一场变化悄无声息地发生了。

从此刻起，祖父、祖母不再是“祖父、祖母”，而是已经化身成“委托人”。

律师给委托人制订的财产规划十分完美，既能规避税收、债权人，还能杜绝挥霍无度的生活，避免不幸的婚姻等等。带着这份规划，委托人离开了律师办公室。

在回家路上，祖父、祖母从“委托人”又变回了“祖父、祖母”。然而，他们依然担心自己的财富会把孩子们变成“信托基金婴儿”。

第二部分

孙子和孙女也深爱着祖父和祖母。

祖父、祖母去世，孙子、孙女悲恸欲绝。

律师与委托人的孙子、孙女见面，向他们解释委托人的财产规划。

孙子、孙女意识到，这份财产规划是祖父和祖母为他们而设的。

然而，很快，将孙子和孙女的信托解读为“税务策略”显然才是最好的理解方式。

孙子、孙女偶然间成了税务战略的受益人，离开律师办公室时，他们却一脸迷茫。

第三部分

孙子和孙女与受托人见面。受托人是个聪明人。

受托人解释说:“那位律师为你们祖父和祖母制订的财产规划,首先体现的是一种法律关系——一种只会涉及人的关系。”

他继续说:“让我们一起把这种法律关系转化成积极和谐的人际关系——一种仅受限于法律环境的你我关系。”

故事先行篇

这位受托人并非一直都是聪明人。刚入行的时候,和很多受托人一样,他认为自己的工作就是管理好一种法律关系。他有合规手册,有自己的审计、计谋和流程。

他一直不明白为何自己服务的受益人如此不开心。他知道,这个结果并不是信托创立人想留给牵挂之人的。

一天,他下定决心,“即日起,我做信托管理就是为了提高受益人的生活质量。不管他们向往的生活水平有多高,这份信托将助他们一臂之力,实现自己的目标”。

本书作者以及其他持有相似观点的同事,均已见识过此类“故事”时时处处在现实生活中上演。总归有人会说:“先让我们接受这份只涉及人的法律关系,然后再将其转化成仅限于法律环境的人际关系。”在此,我们向你为这个真知灼见的现实意义提供了充分的解释。

我们的委托人以及他们的家人还存在很多利害关系——远比保存金融资产的利害关系大得多。

注　释

1. 戈德斯通和怀斯曼:《做值得信任的人——信托受益人和受托人关于信托的新视角》,Trustscape LLC,2012 年。

致　谢

作为本书作者，我们非常感谢同事、委托人、朋友以及一起跟我们探讨过家族信托中存在的挑战和机遇的家族成员。谢谢你们。同事们不惜费时阅读我们的手稿，并提出他们的宝贵意见，在此，我们要特别感谢：帕特丽夏·安格斯、蒂姆·贝尔伯、保罗·卡梅伦、格雷格·柯蒂斯、玛丽·杜克（Mary Duke）、约翰·邓肯、布莱恩·邓恩（Bryan Dunn）、里克·弗格、乔治·哈里斯、芭芭拉·豪瑟、史蒂文·霍奇、霍利·伊斯德拉（Holly Isdale）、丹尼斯·贾菲、唐·科苏思科、伊莎贝尔·米兰达（Isabel Miranda）、迈尔斯·帕吉特、艾伦·佩里、斯科特·派布、克里斯蒂安·斯图尔特、约翰·A. 瓦尼克以及斯科特·温格特（Scott Winget）。感谢比尔·梅辛杰（Bill Messinger）为本书第十五章提供的信托会见和癔癖症案例，以及为附录二提供的癔癖症语言示例。同样，感谢里克·弗格为本书附录一提供的遗赠信函示例。感谢范德堡大学欧文管理学研究生院给予的机会，使我们在 2015 年 6 月能和大批同学分享本书部分内容和练习的初期想法。深深感谢海恩斯家族基金会（Haynes Family Foundation）、赫墨拉基金会（Hemera Foundation）、FRED 基金以及资助过我们研究和创作的其他个人捐助者。凡是本书中有价值的观点，少不了朋友们的功劳；书中的任何缺陷或不足，均为我们三人的责任。

创作本书的过程中，我们还借鉴了涵盖信托、家族财富以及积极心理学的其他优秀作品。我们将引用或者参考的作品直接列在了本书每一章的结尾。对有心想了解这方面更多知识的读者，我们在网上创建了一个定期更新的文献目录，而不是本书中固定不变的参考文献。想要获取这些文献目录，请访问 www. wisecounselresearch. org。

目　录

第三部分 建立重要关系

第四部分 全面的人文信托系统圈模型

引　言

基思·惠特克

多年前,一位家里人求我来管理她早已设立的私人信托。我没多想就答应了。当时我觉得就像走过场一样:一份需要我签字而我又愿意签字的文件而已。

然而,我需要学习的东西实在太多了!

自那时起,几年来,我有偿、无偿地为我的家族以及其他家族,对很多个人信托和慈善信托做过受托人,也在基金董事会、企业董事会和私人信托公司做过主席或者顾问。我见识过信托带来的巨大好处,也目睹过信托造成的巨大伤害。我跟豪爽的委托人和知道感恩的受益人合作过,很开心;也遇到过不开心的情况:亲朋好友之间因信托之故,关系支离破碎,甚至对簿公堂。

一路走来,我从其他受托人、受益人和诸多信托顾问身上学到了很多信托知识。其中一条就是,我初做受托人时的情况其实并不简单。很少有人在一开始做受托人的时候就非常清楚对“受托人”所要求的责任。大部分人跟我一样,在刚做受托人的时候,想的就是帮家里人或朋友一个忙,根本没有意识到受托人职责所带来的各种复杂性和机会。

市面上有很多针对这类受托人的权威指南——《洛林与朗兹:受托人指南》(*Loring & Rounds*)或者《信托法第三次重述》(*The Third Restatement of Trusts*),但这些书一般非常专业,而美国银行家协会(American

Bankers Association)出版的教科书可以帮忙弥补。尽管如此,市场上仍然缺乏针对大量个体受托人的真正实践类书籍。

哈特利、杰伊和我写这本书的目的,就是想帮那些在“信托系统圈”(trustscape,见本书第一部分解释)内发现他/她自己的境况与多年前的我非常类似的人。你们,我们的读者朋友,或是受托人,或是即将成为受托人的人,或是受益人、创立人,或是心怀良知、想要做正确事情的信托顾问。你们也许有、也许没有法律或投资的专业知识,但即便有,你们也会发现,自己的专业知识可能并不能让自己游刃有余地面对信托问题。最重要的是,你们会发现,自己的终极目标不单是“正确地”(即合法合规地)处理信托问题,而且还要“妥善”处理,即利益要覆盖信托全部关系人。

作为一名受托人,写这段引言时,我的思绪源于一种信念:受托人职责体现的远不止是一种管理问题。即便受托人没有报酬,但它依旧是非常高尚的职业,与医药、法律、教育和神职人员等其他高尚职业类似。这意味着,即使每周或每月,受托人只花几个小时的时间履行他/她的职责,然而,就是在这几个小时内,他/她仍依照延续了数百年、不失其自身价值的服务传统服务着他人。

五大原则

引言剩余部分,简单讲的是高尚的信托职业中极为重要的原则问题,而这些原则原本就是要告知受托人、受益人和信托创立人的。这些原则和观点还将与本书后续章节衔接起来。在本书的正文部分,哈特利、杰伊和我将为读者朋友们简要展示一些练习和活动。通过这些内容,身处“信托系统圈”里的人便可将上述原则运用到工作中。如果你们想直接跳到练习部分,可随心跳至本书第一章。如果你们想更好地理解我们的原则,请继续阅读下文。

本部分所讲的五大原则并不会取代传统意义上的受托人责任感,比如,谨慎、细心、不偏私等。不过,我想做的事情是,解密我们在其他地方所称的"受托人身份"的几方面特点。任何一个受托人都会因为"受托人身份"的缘故而成为履行上述责任的人。[1] 受托人的职责因时而变、因地而异，环境在变化，职责也在变化。但是，它的核心精神却不因时、因地、因环境的变化而变化。正是这种核心精神，在不断变幻的环境中勾勒出了受托人的工作内容。

原则 1：最基本的一点，不伤害他人

这是受托人这份高尚职业的第一条原则，也是《希波克拉底誓言》中医生的誓词。律师、教师和牧师也都有各自成文或不成文的类似约定。

这条原则提醒着我们，信托和受托人可以伤害人。受托人往往与一份信托中的很多关系人都保持着亲密关系。我们可以接触到财务报表。如果情况允许，我们还可能会秘密地接触到极为私密的个人信息，如健康状况、服用药物或其他私人行为。倘若信托关系人没有做到"信托背后的信任"，那么这份信托关系就支离破碎了。

有时候，伤害更多来自细枝末节的事情，而不只是绝密信息的泄露。很多受托人发现自己被"信托基金婴儿"困扰着。这些所谓的"信托基金婴儿"，指的是那些没有工作或生活目标，完全依赖信托基会派发的收益生活的信托受益人。伤害，是因为钱的问题吗？毕竟，钱是"万恶之本"。或者，是因为家族管理不善吗？两者或许都构成了部分诱因。但是，常见的受托人职责——守口如瓶，仅在涉及受益人的基本需求时才与受益人沟通，梳理我们同受益人之间的关系，细到一份年度信，还要检查信托分配情况——可能也是一个原因。家长制作风的对立面就是幼稚化行为。如果我们把成年人当儿童看待，毫无疑问，我们培养出来的就是"巨婴"。

"不伤害他人"，需要时刻保持警觉。所以，综观全书，特别是第三部分，我们着重讲述了一些实用方法，以帮助受托人和受益人之间培养出坚实的信托关系，进而实现受益人的成长目标。

要知道，信托和受托人还可以带来不少益处。但益处与伤害的界限关键在于人心。"无害"乃佛语"正思惟"第一要义。"正思惟"是一种正

见，引导人思考全面、接受整体，从而减轻痛苦。

“正思惟”，指的是认识自己的边界。受人之托，手握可能达数百万美元资产之时，诱惑自己的，便是认为自己可以悉数托管全部资产。意第绪俗语调侃道：“囊中有资者，智明而姿美——歌声亦甜。”相比之下，受托人以自己的聪慧，不会沦为此等诱惑下的玩物。往往他们会尽心力、耗资费，在投资、法律、税务、沟通或人际关系等各个领域，遍求良策。

哈特利和杰伊说过，信托大多是以最小化赠与税、遗产税或所得税为目的的专业解决方案。换言之，大多数信托的目的是一种“量化目标”。然而，倘若信托存续了一段时间——尤其是，如果它成功实现了量化目标——它将对信托创立人和受益人的生活造成极为深刻的“质变”影响。信托中的这种“质变”因素，在信托设立之初几乎从未被提及，而且在整个信托期限内，往往也不会引起重视。

其结果往往是，只有聪明通达的受托人或顾问才会发现这个“质变”因素，并引导这个因素往积极方向发展。想做到这一点，一开始就要确认信托中的真正资本实际上包括了人力资本、社会资本以及脑力资本（还有财务资本），即隐含在信托关系中的各类资本。这种认知会引起这样的问题：“这种信托分配能帮受益人成长或增加生活阅历吗，即能增加他/她的人力资本吗？这能帮受益人心有所图地与他人接触、扩充自己的社会资本吗？这能丰富受益人的知识或技能吗，即能提高他/她的脑力资本吗？”本书第一部分，就是要确立“人力资本”定位。之后，我们直接将这个定位纳入第四部分的信托分配函数中。

原则 2：忠诚可信

值得他人信任，并不只是不做伤害他人的事。可信度取决于一个人性格的牢固程度，取决于遵守自己的诺言，还取决于“似检验货币真假时，吹弹之声让货币听起来是真的”。这就是忠诚可信，也是受托人的核心品质。

仆人虽忠实，然而，忠诚可信并非奴役。代理人也可提供服务，但受托人乃信托主要责任人,并非代理人。倘若请人做受托人,仅仅是让其按自己意思办事,你实际上找的并非是受托人,而是代理人。如若你是受益人,认为自己的意愿在受托人眼里应是命令,那么,结论与前述一样。

受托人的忠诚可信并不只是因为信托创立人、受益人或者他们自己,还因为信托本身,也就是信托关系。这是非常重要的一点。有时候,受托人自己会说,他们的忠诚可信源自信托文件:"我只做信托文件全文中允许的部分。"这份信托文件无疑非常重要。然而,文件重要,是因为它影响着信托关系人的生活。

做到忠诚可信,并非易事。通常,更容易让人接受的选择,就是成为信托创立人或受益人的代理人。忠诚可信,意味着要辨识并能抵御这些诱惑。我理解的"忠诚可信",从自己作为一名受托人的角度看,就是不仅要维护信托创立人的立场,还要聆听受益人的看法(虽然两头活动都很重要),但最重要的,是要让信托中蕴含的馈赠精神永远传下去。我认为,自己的忠诚可信就源自信托中的馈赠含义以及信托关系,而不单纯地因为赠予人或者接受人。

"馈赠精神"的话题,并不属于引言讨论的范畴。本书的另两位作者和我会在我们另外一本著作——《馈赠周期:家族财富和智慧》中全面讲述这个词。简单说,每一份真正的馈赠,转让的不只是实实在在的"物",还有一份精神。有时,这份精神体现的是对工作或教育的一种期盼;有时,它与企业家精神息息相关;又有时,它关注的是家庭生活和亲情关系。馈赠精神可言语相传,也可为文字所记载,抑或只可意会,不可言传。无论何种情况,它对赠予人和接受人影响都非常大。两千多年前,罗马哲学家塞涅卡(Seneca)说过:"馈赠是一种给予,接受时必也视之为馈赠。"倘若馈赠中缺乏精神,我们大可称其为"转让",而且,若真是如此,也难怪接受人认为馈赠只是一种毫无生气甚至还消耗生命的力量。"信托基金婴儿"的"恐怖故事",有的是源自馈赠,但这样的馈赠根本没有精神可言;它们只是一种转让。

受托人忠诚可信的最高表现形式,就在于识别、推动并维持馈赠的精神。要做到这一点，有很多方式。受托人可以协助创立人写下或记录他/她对这份信托的遗愿。受托人也可在创立人去世之后，花些精力将创立人的那些遗愿、价值观念或理念整合成“序文”形式，正如本书第十章所讲的一样。受托人也可定期通过某些途径，在个人或家庭会议上，告知受益人那些价值观念。受托人还可以通过倾听受益人的观点，与其共事，有意地找出一条将馈赠精神融入受益人生活的途径。如果受托人发现自己托管的信托中没有体现出精神含义，也就是说，信托中只体现了转让，设立的目的也仅是为了避税，受托人采取以上措施就显得更为重要。

理想状态下，受托人在信托协议的墨水还没干之前，就要开始履行忠诚可信的职责。本书的合著人杰伊·休斯的事迹就是非常恰当的案例。在他作为律师退休前的十年里，通常会坚持让所有要求他撰写信托文件的人，最好在信托文件的开头加上两行字：“本信托是爱的馈赠。创立本信托的目的，就是巩固受益人的生活质量。”杰伊对自己客户的忠诚可信，证实了这些信托潜在受托人的忠诚可信职责。

原则3：承担“摄政”工作

当小国王或女王尚未成年的时候，摄政王总揽朝政。这是充满荣耀和信任的职务。听起来也十分高端甚至浮夸。

不过，在信托背景下，“摄政”的作用没有如此显赫，但依然非常重要。受托人可按下述方式管理信托关系：当受益人成年时，受托人可以解除信托，将托管资产移交，并完全相信受益人能妥善利用这些资产。

“摄政”之目的就是等待一种“质变”：等到受益人长大成人且独立自主。“摄政王”的终极目标并不是把信托资产规模做得越大越好，而是帮受益人提高生活质量，让他们长大成熟起来，有能力将信托资产转化成精彩人生的一道风景。

如果这听起来很难实现，那是因为这的确很难。本书后面的大部分内容，特别是第三和第四部分，专门探讨了受托人、受益人和信托创立人能够采用或证实的一些实践方法。他们想通过这些方法提高家庭资产成功传承的概率——因为成功传承还是有机会的。

但是，还有一点非常重要：认清成功道路上的阻碍。在我们合著的另一本书——《新生代之声：家族财富与智慧》中，我们讨论了家财万贯往往营造出“黑洞效应”，粉碎了家族小年轻们的梦想和宏愿。也许，信托就是最常见的“黑洞效应”机制。如果每个月都有一大笔收益分配汇入你的银行账户，而且没有任何指导告诉你如何花销，也没有任何精神寄托在里面，那么你会很容易迷失自己，不愿去冒险，不想再去营造和追逐自己的梦想，不想长大。

忠诚的“受托—摄政人”会想方设法帮助受益人成长成熟，最重要的是，培养其个性，也就是说，帮助受益人营造并追求自己的梦想，进而培养出自己的个性特点。这儿的重点是人心。“摄政”原则归根到底在于人心。受托人之心就是要培养出色的受益人，一个让受托人能够放心把所有信托资产移交的人。

“摄政”工作本身就包含着一种谦卑。培养一个出色的“人”是多么难的任务。天下父母皆知，这是一项极其卑微的任务。大多数人很难打理好自己的生活，而帮别人把日子过得有声有色的人更少。

要在信托的法律及“非天然”环境约束下帮他人追求更好的生活，让卑微的“摄政”工作更有挑战性，“摄政王”必须想方设法“打破”非天然关系，并从人情层面上与受益人建立联系。我认识的一位睿智的受托人曾说过：“我从来都是想办法绕过桌子，走到受益人这边。”在此，重复一遍，本书后面大部分实操内容，是为了帮受托人精准地完成过渡任务。

“摄政”工作若以这种方式完成任务，受托人便像中世纪犹太哲学家迈蒙尼德(Maimonides)所说的“馈赠阶梯”中的最高横档。迈蒙尼德是在讨论“善举”时提出的这个说法，但同样适合描述家人之间的馈赠或者受托人的服务。他描述了馈赠阶梯上的几层横档：先从最接地的一档开始，这档属于被迫或可以说是勉为其难的馈赠；往上，则属于“附带条件”的馈赠。在更高的档位，馈赠往往是匿名的，接受人并不知道是谁帮了他/她，而给予人也不知道自己帮了谁。

不过，迈蒙尼德认为，阶梯最高处“正是给予人和接受人建立伙伴关系的地方，此时，给予人面对面地伸出援助之手”。在这场互动中，没有躲躲藏藏，没有羞愧难当，也没有尴尬窘迫。双方之间面对面、手牵手，都是地位平等的人。这份馈赠并不属于财产的一部分；它代表着一份伙伴关系的诞生。这就是“受托—摄政人”努力的方向。

原则4:有洞察力

“洞察力”原则与受托人的某些传统职责密不可分。在他人眼里，受托人应该是具备“稳健判断”，浑身充满着“深谋远虑、审慎决断和智慧”的人。[2] 另外，现在越发常见的是，律师在建议信托创立人创立信托时，给予了受托人在信托分配上的“绝对裁量权”。这样就能阻止那些垂涎信托资本金或收益的债权人或受益人。

谋断的基础就是洞察力，而洞察力是一种对证据进行层层筛选的习惯。倘若受益人提出了一份自由分配申请，比如，一辆新车或者一栋房子的定金，受托人此时必须要弄清同意或者反对这份申请的各种理由。他/她必须对这个受益人提交的证明资料细细咀嚼，同时，还要思量此事对信托、该受益人以及其他受益人造成的影响。（对自由分配的更多介绍，见第十四章。）洞察事物的习惯造就一个人的审慎谋断。[3]

然而，洞察力不只用在分析自由分配问题上。在接受受托人职责时，洞察力同样需要。洞察的习惯要求你扪心自问：这份信托存在馈赠精神吗？我有能力做好这份精神的保管人吗？我有必要的技术和知识，可以真正帮到信托中各方关系人吗？我有时间和兴趣使用这些技术吗？我准备好同这些信托创立人和受益人同舟共济了吗？如果都可以了，我还需要什么才能忠诚地作为一名“摄政人”，不与人为害呢？这些只是关于接受受托人职责时的问题，本书第九章还会讨论。

聪明的受托人往往还会在信托各关系人之间推广洞察力的应用。明智的信托创立人在信托协议敲定之前会仔仔细细地过一遍，确保这份信托明确地传达了他/她的馈赠精神。深知其用意的受托人会鼓励这种行为。另外,受托人的洞察力还会对受益人产生积极影响。确保受益人理解你费尽心思管理信托的过程,可以引导受益人在获取信息或者申请分配时,将这个费心的洞察过程考虑进去。

摄政工作也仰赖洞察力。有时候,受托人的做事方式很像圣伊格内修斯(Ignatius)那本关于神灵以及上帝意志识别能力的书中所说的“精神导师”。[4] 在本书第十四章,聪明的受托人努力将自己化作平衡受益人的一股力量,其意并非阻挠受益人,而是帮助受益人深刻反省自己身份为何,所求又是为何。面对一个腼腆、不愿提问的受益人,懂得察言观色的受托人也许更迷人、更开明、更受人欢迎。面对一个貌似深陷“黑洞”、只想着用信托资产衡量他自己身价的受益人,早已看透一切的受托人可能会费尽心血,帮他将目光从“钱”上集中到自己的目标、梦想和成长机遇上。

受托人,或者可能的话,还有信托保护人产生积极影响的另外一种方式,就是影响信托“系统”整体。要做到这一点,需要花费些时间,需要一些谦卑,更需要圆滑,但是,在一些情况下,洞若观火的信托保护人恰恰是充当家族“审判员”的合适人选,能游刃其间,调解诸如受托人同受益人之间的各类摩擦。这种情况需要帮助双方都做好洞察工作。就是在这样的洞察识别中,信托保护人通常化身成了家族的长老。我接触过很多家庭,尤其是在生活富足的第三代或以上的家庭中,也许只有年长的保护人才能担起信托重任,具备应有的权威来做这份工作。在本书的第四部分,我们会更加详尽地描述这个刺激且大权在握的角色。

原则 5:有勇气

勇气与“信托系统圈”波及的每一个人都有直接关系。创立信托需要勇气。承担一份任务——将信托有效地融入你的生活,成为受益人——也需要勇气。当然,做受托人、信托保护人或者信托咨询,同样需要勇气。

所有这些人需要与一个家族风雨同舟多年。这就需要把他们视同“人类”,去了解体现在他们身上的我们大家所拥有的那些优秀品质以及不是很优秀的品质。这就需要接受一段有苦有甜的“旅途”,而在任何旅途中，还需要接受运气的捉弄。

勇气，同洞察力一样，也可以经过“信托系统圈”的成员推广至整个系统本身。从该意义上讲，这就是一种激励。勇敢的信托顾问或者受托人能激励信托创立人全盘思考她的馈赠精神，然后将其清晰、公开地传播出去。受托人的激励甚至还可以给受益人带来更大的影响。说到这里，勇敢的受托人可以激励受益人勾勒出自己的宏愿，并实现它们。他/她可以帮助受益人追求自己的教育，广建人脉，探索各类工作渠道。勇敢的受托人还要确信一点：钱不会吞没受益人的梦想。这样的受托人或许时不时地不会做信托派发，但前提是，这些派发可能会损害受益人的“旅途”。开出一张支票或者答应一个请求都是很容易的事情，可当要说出“不行，但是……”，然后再指出一条不依靠钱也能前行的路的时候，就会很难，而且需要勇气。我的经验是，即便灰心丧气的受益人也会感激这种勇气行为；受托人说“不”的勇气会帮助受益人找到自己的勇气，继而靠自己去奋斗、崛起。

前文说过，聪明的受托人会一直通过谦卑的姿态弱化自己的原则，包括勇气。你所能做的最具勇气的事之一就是认识到自己权限内外有什么，何时放手。有些情形我们会在第十七章讲“转让”问题时再说。

家人之间，随岁月变迁，时常渐行渐远、杳无音信。不过，没有一个家族是存在自然寿命的。家族何时瓦解是它自己的选择。这个时刻不一定是今日，不一定是明朝，亦非明年或十载之间。信托是家族稳定和兴旺的催化剂，而不是瓦解家族的溶剂。这正是我们希望身处“信托系统圈”内的所有成员可以从本书中听到的声音。对家族成员而言，这是一种莫大的希望和慰藉，因为他们常常会为巨大财富有可能对子孙生活造成的影响而忧心忡忡。抓住这束希望之光需要勇气。然而，这份勇气可以在未来为一个家族收获高品质的收益。

上述五条原则——不伤害他人、忠诚可信、承担“摄政”工作、有洞察力以及有勇气，铸就了明智的受托人职责，当然，还有稳固的“信托系统圈”。我提出五项原则，并不是作为评判你自己的标杆。相反，我希望它们能促使你反思自己在“信托系统圈”里的位置，自己的优势并发挥自己的优势，以及可以帮到自己和他人的最佳方式。一份高尚的职业，并不是充满了由上及下传承来的各种教条，而是充满了生活方式。过自己想过的生活，这是你的特权。

注　释

1. 见哈特利·戈德斯通、斯科蒂·麦克伦南和基思·惠特克联合发表的“The Moral Core of Trusteeship：How to Develop Fiduciary Character”，*Trusts and Estates* (May 2013)，49—52。

2. 这些经典论述摘自信托法的根本性裁决，*Harvard College v. Amory*，9 Pick. (26 Mass.) 446，461 (Mass. 1830)。

3. 了解更多关于洞察力的内容，参阅我和保罗·舍维什(Paul Schervish)的另一本著作：《财富和上帝旨意：探秘使用财富实现终极目标的办法》(Bloomington：Indiana University Press，2010)。

4. 圣伊格内修斯，*Spiritual Exercises*，注释 13—15。

第一部分

信托系统圈概况

第一章　知道了目的地，导航效果才更好

去往乐土前，有一个问题。不管你是信托创立人还是受托人，或者是受益人，问一问自己："我这份信托的存在，最重要的一个原因是什么？"这个原因既非那个你容易想到的缘由，也非你想到的第一个缘由。只有那个经过你认真反思，最终超越其他理由的缘由才是——那么，这个原因到底是什么呢？

第二个问题则更关注未来发展："我最希望自己的信托实现什么成果呢？"两个问题的答案描绘出你对"向往之地"的展望。对自己的"向往之地"了然于胸，将会影响到几乎每一个与信托相关的决策。

至于创立信托的最重要原因，我们以及几乎所有家族客户的想法都是：以馈赠形式促进受益人成长，并以此为受益人的真正自由打下牢固的基础。这与单纯的资产转让形成了鲜明对比。资产转让往往在带来资产获取权的同时，"吸干"了人的活力。[1]

> 创立信托最重要的一个原因，就是通过馈赠形式，实现受益人真正的自由。

倘若你用"自由"作尺度，则问题就变成，信托的存在——及信托衍生出的各种关系——可否提高而不是逐步恶化受益人的生活质量。"提高"一词有多重含义，不过，都是褒义。特别在这里，我们说的"提高"，指的是

可以帮助受益人变得成熟，让他们清楚并追求自己的宏大愿望。

> 这份信托的存在，以及它所衍生出或改变的各种关系，能提高受益人的生活质量吗？

我们还有一条建议：想进一步实现生活质量改善的目标，则需要在信托所涉及的人群中维系一套"正确"关系。我们认为，确立正确关系，通常指的就是要问一些非比寻常的问题。

何种形式的调查效果最好呢？当一位经验丰富的受托人在了解一位全新的受益人时，也许会给这位受益人分享以下几点想法：

- 对你而言，这种关系是全新的东西。虽然我已经为很多其他受益人做过受托人，但是，对我来讲，我们之间的关系是全新的，而且独一无二。所以，你觉得我们之间该做些什么实际工作，才能在互惠框架下建立同事关系？假如我来指导你，你想怎么被指导呢？
- 你我的关系如何才能给我们带来正能量，而不是消耗我们的精力，或者让我们任何一人或两人觉得我们"陷入了流沙困境"。
- 你我的关系如何才能实现你对家庭或者社区的壮志宏愿呢？尤其是你的个人成长。

或者，假设一位受益人对其与受托人之间的关系不满意，这份调查则更多针对的是受益人自己：

- 与受托人闹翻，我作为受益人，有多少责任呢？
- 要恢复与受托人的"正确"关系，我做的工作——不管多么小——可能是什么呢？
- 我认不认识兴许能帮我全面考虑这种情形的人呢？

几十年来，本书作者见识过太多融洽的正确关系以及不和谐的关系。从这些阅历中，作者得出的结论是：受托人和受益人共同的最高职责就是解决一个问题：倘若信托终止，信托资产翌日即分配给受益人，但受益人以其知识量、成熟度和能力水平，能接收并管理好这些资产吗？

顺着这个问题，受托人的最高职责就是"武装"受益人，使其能从容面对这种情况。这带来的自然结果是，受益人的最大职责就是要好好地准备自己。

> 倘若信托终止，信托资产翌日即分配给受益人，但受益人以其知识量、成熟度和能力水平，能接收并管理好这些资产吗？

虽说“武装”他人或者自己去接收信托资产的任务是真实存在的，但预设的资产分配却属于一种假设。它通常出现在思考实验中。我们也想受益人能学习一些技能，提高自己的成熟度，使资产分配显得配得上受益人。我们这么想，不是因为资产分配很可能会出现（它也许不会发生），而是因为对受益人而言，这些技能和成熟度同样是过好生活的必要条件。

思想实验之外

对某些家族来说，信托终止和派发不只是一种思想上的实验。他们一直在努力争取即将派发的巨额财产——其中一些已经托管给好几代人了。

我们来解释一下。在 2012 年即将来临之际，税务律师一行异常红火。当时出现了创立新信托的风潮，因为这些人害怕：这代人传给下一代人（免税）的资产，将来会大幅缩水吗？他们不愿意冒此风险，所以，在钟表指向 12 月 31 日午夜之际，很多信托一蹴而就。

这个时间点设置得有些戏剧性，但其背后动机却并不新鲜。

信托，与红酒类似，都有“佳酿”旺年。在一个旺年，政府财政事件（如修改税法）或者与税收无关的法律事件（如取消《禁止永久权规则》），都会引发大量信托的创立。王朝式家族受其家族环境的影响，同样存在信托创立的旺年。

在旺年创立信托的重大影响就是，一些家族在未来会有大批信托几乎在同一时间“到期”（届时，要么终止，要么转换）。

一些旺年包括：

1931 年：大量信托创立是因为预计 1932 年遗产税的最高税率将从 20%调至 45%，而遗产税免征额将从 100 000 美元降低至 50 000 美元。

1933 年：信托创立是因为预计 1934 年遗产税最高税率将提高到 60%。

1934 年：在这个旺年，预计遗产税最高税率将提高至 70%，遗产税免税额将降低至 40 000 美元。

20 世纪 30 年代创立的信托现在即将到期——这都过去几十年了——原因是，这些信托测算的生命体（即活到现在、80 多岁的人）去世，意味着大量家族必须得安排好受益人接收信托资产。在这些家族中——几代人以来，首次如此——随着信托终止，受益人将得到巨额的信托分配。

所以，相比于一场思想实验，帮受益人做好万全准备，将信托分配完美融入生活才是更为紧迫的任务。

当然，我们这本书的受众不只是那些要应对 30 年代旺年信托终止的家族成员。一个家族遇到信托终止，还有其他很多原因（除了常见原因外，国会可能会大幅提高信托的个人所得税或者通过其他不利于信托的立法。一旦出现这种情况，家族可能会受诱导，开始研究解除现有信托的问题）。即便你现在没有遇到信托终止的情况，但问一问“假如我们不得不终止信托，我们该怎么办？”可以帮你把重点集中到你的家族如何处理当前信托分配的问题上来。我们在后面将会看到，信托的核心作用体现在它的分配功能上，这同样也是决定信托能否提高家族人力资本的关键因素。

问题反思

- 你认为推动信托创立的合理原因——作用，以及从某种意义上讲，目的——有哪些？
- 你认为受托人和受益人的最大职责应该是什么？

● 对自己的信托而言，你认为还有哪些其他职责能够补充进去？或者比你信托中的职责更好？

注 释

1. 了解更多关于"馈赠"和"转让"的区分，请参阅小詹姆斯·E. 休斯、苏珊·马森奇奥和基思·惠特克合著的《馈赠周期：家族财富和智慧》（New York：Bloomberg，2013）。

第二章　信托系统圈

既然你已经考虑过自己心中的“向往之地”，现在，请你参与我们设计的一个不同寻常的演示。演示一开始先让你构造一个推演过程的大环境。

本演示是为了让遗产规划的重心脱离法律的结构约束，如信托及合伙人关系，然后移向另一个重点：法律结构所涉及的人与人之间的关系。

演示第一步，从你口袋或钱包里掏出一把硬币，捧在手中观察。

你会注意到这些硬币的尺寸、颜色各不相同。不过，你能感觉出来它们轻重不同吗？仔细看一看硬币的图案，有些很新、很亮，有些则很旧。有的硬币甚至还“鼓起来”了。

如果你碰巧看的是一美分，正面刻的是亚伯拉罕·林肯，反面则刻着拉丁语格言：“E Pluribus Unum”，意思是“合众为一”。对被信托联系在一起的人而言，这句格言还是不错的。

美国硬币上的头像人物均已离世，但英国硬币并不这样。你可以看到英国硬币上印着现任女王的头像。至于欧元，它的硬币上不印人物头像。每一枚欧元硬币的一面印有同一幅图案，而另一面则印着每个成员国精心挑选的各不相同的图案。

中国硬币上印着漂亮的菊花，配着一行拼音“ZHONGGUO RENMIN YINHANG”，译成英文是“People's Bank of China”。

不管你的本币是什么，把它的硬币摆在你面前的桌子上或其他平面的顶端。随便从中选一枚硬币，把它当成自己。你选的是大的还是小的？

现在，设想你摊在桌上的其他硬币是你的不同家族成员。如果你结婚了，你的配偶会是哪一枚硬币？你的父母、（外）祖父母、子孙、兄弟姐妹、外甥/侄子、外甥女/侄女、表/堂兄弟等分别对应哪些硬币？

下面，转一转这些硬币，停下。从它们的摆放中，可以看出家族成员在情感上孰亲孰远。哪些硬币靠得近？哪些离得远？有硬币叠在一起吗？有硬币被你挪到桌子边上吗？

在你排列和重新排列这些硬币时，会把自己的积极情感寄托在其中一些硬币上，再把负面情感寄托在其他硬币上。

刚才那些普普通通的硬币，现在你留意到是如何被注入感情了吧？

解析你的信托系统圈

现在，在“演示图”中添加一些硬币。继续赋予它们各种角色——你的各类家族信托，各位受托人，如果可以，还包括信托保护人以及相关顾问人员。重新排列硬币，把新增关系纳入图中。

将重点放在与你的各类信托产生关系的硬币（人）上。这些人、这些信托文书以及各种关系构成了你的“**信托系统圈**”。花点时间去了解一下人与人之间的感情联系，就像你刚才做的演示一样。不过，这次你需要留意的是与自己的信托有关的人员之间的关系。掏出铅笔，将硬币画圈分组，然后以直线相连，表示关系类型。

（顺便说一下，我们注意到，很多家族存在多重信托。我们服务过的某些家族平时要在数十种甚至数百种——少数家族的信托有几千种——信托中周旋，更别提家族基金会和家族有限合伙等。为方便叙述，本书后续部分所说的“信托”、“受托人”和“受益人”都是以单数形式出现。不过，我们一直知道，在现实生活中，大部分本书读者面临着多重信托、不同的受托人以及受益人。所以，我们提出了“信托系统圈”一词来帮助读者理解。）

等你圈完硬币、画好直线，退后一步，审视桌上这幅图，再加上你对各类关系亲疏的判别，情形一目了然：家族、资金、信托——你总会碰到这样错综复杂的事情，然后衍生出错综复杂的人际关系。这其实就是你的信托系统圈。

信托文件上的白纸黑字——很像那些硬币——饱含种种情感。

很多信托系统圈里的人（trustscaper，后文简称“**参与人**”）通常认为，最大限度地优化自己与信托的各种关系的最好办法，就是做事周密而不盲目。可是，绝大多数人并没有桌面“演示图”帮他们划出重点、厘清方向。

用你的相机或智能手机随手抓拍一张自己的“演示图”，用它指导工作时，时常翻看一下。不过，千万记住，你的信托系统圈与任何生命系统一样，一直在变。

问题反思

- 本次硬币演示中，最出乎你意料的情况是什么？
- 你收获了哪些新观点？
- 以桌面“演示图”的形式呈现你的家族遗产规划，帮你划出重点了吗？
- 遗产规划将哪些关系和谐处理了？
- 遗产规划在哪些环节制造了矛盾？
- 你认为哪些环节的资源和机会可以利用？

动态关系图

刚才，我们让你在桌子上移动硬币，以此呈现出你的信托系统圈。不管这些硬币何时停住，抓拍一张，照片里都是井然有序的场景：“这就是此时此刻我的系统圈的样子。”

然而，现实中，没人可以真正地操控这些“硬币”如何移动。因此，我们借助关于信托系统圈的第二个比喻，最好在这个演示中加入一些深度和随机性。信托系统圈不仅时刻变化，而且流动性极高，犹如变幻莫测的海况。

信托系统圈里，跟海况一样，洋流交错，暗潮涌动。时而天晴，便挂帆起航。时而雾霭，狂风乍起。不管在哪种环境中“航行”，有时让人着迷，有时却置人于险境。

天气好，即便初出茅庐的水手，也能轻而易举地在一片静海中航行。但是，如果冒险出海，这位水手最好乖乖地听人建议，先学习航行知识，积累经验，或者找一位能力出色的水手一路相随。

同样，“参与人”必须得有工具、懂技术才能做好技巧性的航行。

现在，假设你通过巩固圈内关系、改善人员生活，有能力改变自己的信托系统圈。你依此移动桌上的硬币。根据所需，增减硬币数量，关系直线也可增减。待一切就绪，拍张照片，这就是你**宏伟的**信托系统圈。你无法呼风唤雨，但至少你理想中的系统圈照片为你指引了自己的航向。

问题反思

● 助你驶向深海的“出色水手”(指导人)是哪些人？随着本指南的继续深入，可能你会把他们的名字加到名单上。

收尾演示

假设你完成了今天的阅读，已经把书放下。接着，做了一些平时做的事情，之后，便睡觉了。你已经很累了，家里又很安静，所以，这一觉睡得很沉、很踏实。

醒来睁眼一看，你能看到自己的未来。不管它以前多么荒诞神奇，如今，所有与信托有关的希冀、梦想刹那间成为现实。你暗暗告诉自己：“这份信托真的给力！”

有些暗示你能成功的蛛丝马迹，你留意到了吗？现在，大家怎么说？

在做什么？有什么感想？[1]

更好的演示

试想，倘若你再做一次演示——这回，你和信托系统圈里的其他成员作为一个团体，一起演示——它的效果该多么强大。

如果你和其他人准备一试，先别考虑一起演示的时间。看一看你们是否慢工出细活，成功达成一个默契的信托系统圈。你们在哪些内容上持一致意见？哪些地方达不成一致？这个做法如何将自己的信托融入生活？

注　释

1. 这个关于"奇迹"的问题改编自史蒂夫·德·沙泽尔(Steve de Shazer)与伊冯·多兰(Yvonne Dolan)合著的《超越奇迹：注重解决的短期治疗》(Binghamton, NY: Haworth Press, 2007)。这个问题很有用，可以帮助呈现出自己喜欢的未来模样。

第三章　核心术语

在类似本指南一类的书里，定义核心术语可以帮助读者更好地理解内容。但是，如果作者遇到跟自己一样的读者，都钻牛角尖，孤立地理解某个专业术语的话，这本书无论是下定义，还是费心地想把术语具体化，都存在一定危险。先记住一开始的这几个定义，等你读完本指南，自己再对以上术语以及其他术语进行多方面的理解。

信托系统圈。正如你在前两章中所读到的，信托系统圈属于大型家族系统中的某个子系统。所有在信托系统圈里的人，均与各类信托有牵连，如信托创立人、受益人、受托人，可能还有信托保护人和信托委员会，以及一帮骨干人员，如理财顾问、会计顾问等。处在信托系统圈里的人统一被称为“参与人”。

信托。信托源自中世纪时代。征战沙场或者远涉千山的贵族也许知道自己不能活着回家，于是，请某些可信之人——通常基本上是本地主教——来打理他们的财产。这些财产所有人会指示他们的受托人，万一自己真的客死他乡，该如何管理财产、使用财产。

信托的本质——信托创立人将财产转让给受托人，并替受益人代为管理——经过这么多年，并没产生多少变化。

创立信托的文件，可能是一份遗嘱，也可能是一份信托协议，但实际上，信托远不只是白纸黑字；它还体现了信托创立人、受托人以及受益人之间的关系。关于信托的更多介绍，可参阅本书第五章。

信托创立人。创立信托的人通常被称为“让与人”(grantor)、“财产授予人”(settlor)甚至是“赠与人”(donor)。本书中,我们将继续采用“信托创立人”的称呼。原因详见第七章。

受托人。受托人——受人所托之人——对信托财产拥有法律上的所有权。受托人的守信义务,要求他/她不计较个人利益,并以受益人福利的名义,管理好信托财产。所以,尽管受托人是信托财产的法律所有人,但通常不能享用。

受益人。虽然受益人不是信托财产的法律所有人,但享有关于信托财产的一项“对等”权益。具体来说,受益人在法律层面上,对信托财产没有所有权,但能使用该财产。如果你是受益人,信托资金并不是“你口袋”里的钱。

“当期”(current)受益人有权即刻获得信托分配收益。“条件”(contingent)受益人或许在某一时刻有权获得分配收益,但前提必须是约定的某项事件发生了。例如,在某人去世后,条件受益人可能有权获得分配收益。在信托终止时,“余产承受人”(remainderman)才能获得信托剩余资产(remainder)。

读者可在本书第七章阅读关于受益人的更多内容。

信托保护人。信托人保护人有权废除、更换受托人。保护人的作用略显轻微,但地位非常重要——开创、维系和恢复信托的“馈赠精神”,特别是在受托人没能做到这几点的时候。(关于“馈赠精神”的更多内容,详见引言。)我们在第八章将会继续讨论关于信托保护人及其他信托顾问的内容。

信托分配。根据信托协议的约定,“强制”(mandatory)分配是免不了的,而“自由”(discretionary)分配则依据受托人的裁量或选择。信托文件规定受益人可以获得自动分配的收益(例如,收入分配很可能属于这种),其他强制分配则可能体现出时间规划(例如,当某个受益人达到一定年龄)。通常,受托人在“自由”分配的项目上具有一定的灵活性,例如,资助、健康和教育。本书第十四章及第四部分的重点就是信托分配和分配过程。多数情况下，受益人在提出分配申请前，信托的分配功能往往被忽视。所以，本书的一个主要目的，就是激发大家认真积极思考信托分配功能的目的是什么、如何妥善利用这一功能。

标的物和收入。标的物指的是信托中的财产。信托财产或标的物可包含股票、债券、现金、共同基金以及不动产、知识产权，或有形财产，如珠宝首饰或汽车。信托财产（有人希望）可以产生收入，如利息收入、分红或者租金。

分配委员会。这是本指南首次提及分配委员会。在一些信托系统圈，该委员会主要是在受益人申请信托基金分配收益问题上，向受托人提供咨询服务。在第二十章和附录三中，大家可以接触到更多关于分配委员会的内容。

受益人办公室。同分配委员会类似，现在小部分家族正在构建并测试“受益人办公室”，而且这是本书首次提及该术语。受益人办公室的成员由受益人精挑细选的各类顾问组成，并从受益人处收取报酬。受益人办公室的目的是在信托管理、信托投资和分配问题上向受益人提供指导意见。我们会在第二十章和第四部分剩余章节，一并详细探讨受益人办公室和分配委员会。

第四章　了解你的叙事技巧

前三章，我们带你了解了信托系统圈的内容，以及你在上述环境中可能的努力方向。下面更有意思的事情，就是快速从上述内容转入建立“受托人—受益人关系”的实操阶段，或者更深入、更全面地认识信托系统圈参与者。

但在此之前，我们想花点时间解释一下各类关系中的一个基本点，即这些关系结构及关系人的定位。

考虑下述场景：一个从来没见过她自己的受托人的受益人，走进受托人办公室，首次见面。打算谈什么呢？这个受益人心里盘算着：自己可能除了机械地问一两个问题，可能最想做的就是把这次会见“熬过去”。会见中有些“紧张”是自然的表现，如果说见面要达成具体目标，那这些事儿都装在受托人的心里。

不过，这并不代表受托人非常想接待这个受益人。也许，这是他认识的第 150 位“受益人”。任何一位有着如此丰富的数据库的专业人士都有“暗语系统”，其中有些还是潜意识的。

我们假设，这位受益人用的一个短语，或者只是一个眼神，多多少少向受托人暗示他/她一直令人非常讨厌的信托状态。在这种情形中，双方的“紧张情绪”都在作祟。对受托人而言，压力自然倒向了自己这边，否则，在本次信托系统圈的初期接触中，他可能正以最佳状态表现出自己的良知和专业。

问题的关键在于，此刻我们对某个人或者某件事的“性质”的判断都是主观的。平时——甚至在我们没有刻意打听的情况下——自己的事情会被别人了解到，而自己也会从朋友那里了解关于他们信托系统圈的新闻（或者碎片），或者，甚至就是一段很短的回忆或道听途说的随口评论。

了解了之后，我们就以自己的“叙事技巧”来讲述这个人或这件事。有时候，我们太过沉浸于自己独特的叙述，好像讲的都是靠谱的事实。无论我们讲的内容是积极的还是消极的，它们都可能对我们有用，也可能没用。常见的情况是，我们在面临巨大压力时，往往会使用自己习惯的表达方式。

所以，也难怪有些受益人认为，他们生活中遇到的难题反映出他们的信托和受托人身上的某些“真相”。他们可能还会给各自贴上标签：我的信托“限制太多”或者“太不公平”；我的受托人“控制欲太强”或者“没意思”。

反过来讲，受托人也许认为受益人都是“功能紊乱的人”或者“有权的啃老族”。这种想法只能给下次会见带来局促感。

无论年龄大小、地位高低，叙事技巧都蕴藏着巨大的威力。掌握自己独特的信托系统圈叙事技巧固然重要，但我们也并不能过分强调。

在帮你开始了解前，先做一个我们在家族信托的培训课上偶尔会做的小模拟。

看你坐在哪里

设想面前有一张圆桌。围桌而坐的人，不仅有各代家族成员、家族顾问、受托人，还有受家族信托以多种方式影响而参与进来的其他人。

现在想象一下，桌子正中间放着一个五颜六色条纹状的超大沙滩排球。如果有人请在座各位描述球色，有人可能会回答“红色、白色和黄色”，或者“蓝色、绿色和橙色”，或者还有其他的颜色组合。这个问题的答案取决于每个观察者所坐的位置。

在座的各位都从自己的最佳视角精确地说出球的颜色，然而，没有哪两个描述完全一样。沙滩排球仍然是那个球，放在桌子中间。

现在，假设把这个沙滩排球换成一份信托工具。在座的诸位不变。每个人还是会从自己最佳角度描述这份信托。话虽各异，信托却只有一份。

信托创立人也许开口就说："我创立这个信托，是因为……"

律师说："我制定这份法律文件，目的是规避税收、债权人还有……问题。"

受托人说："作为受托人，我最大的职责就是……"

一位受益人说："这份信托给我惹了太多麻烦，因为……"

另一位受益人说："这份信托就是一种福泽，因为……"

……

现在该你讲话了。假设桌子中间的这份信托协议会影响到你的生活。你该如何描述它？你会说些什么？关于信托，你的叙述风格是什么？即便你第一次做受托人或受益人，你也肯定有一套自己的风格。

从下面的问题中选一个，方便你做开场白。

● 正面设想一下这份信托，实际上，指的就是在座各位——关于他们，有哪些正面设想？他们从哪里来？怎么为你服务？好好想一想，他们又会如何保护你？如果你还有更多的正面设想，会给你带来什么影响？在哪些环节，用哪种方式，可以让你"验证"猜想？

● 负面设想——他们是干什么的？从哪儿冒出来的？是给你干活的吗？如果是，可信度多高？

举一两个负面假设或情形被证明是失败的例子。有可能造成会见或谈话"反转"的情况是什么？

渴求教育

有时候，有关他人的叙述可能让我们使劲地往坏处思考。下面的情形就是来自一名信托管理人的描述：

> 詹姆斯(James)来自一个非常有钱的家族，有自己的家族办公室，负责人是个体受托人，另外还有一位共同受托人，是一家信托公司。长期以来，负责人和詹姆斯打交道时，詹姆斯都颇为"黑化"。负责人信不过詹姆斯，也不喜欢他。詹姆斯也知道这些。
>
> 有一天，詹姆斯打电话给我，当时，我是那家信托公司的信托管理人。那时候，他快40岁了，大部分时间住在巴黎。他说："我想回学校读书，去索邦大学读个研究生，那儿有个我特别喜欢的课程，大概需要两年才能读完。这样做会让我过得更好，兴许以后我可以成为一名教师。平常，我根本不知道自己到底想要什么，但是，这门课让我有了职业选择的机会，否则，连个机会都没有。我真的很想去读书。"
>
> 和詹姆斯通完电话，我又打电话给那位个体受托人。他说："没门儿！我信不过詹姆斯。你怎么知道他真的会拿钱去读书？"
>
> 这位共同受托人遇到的问题是，他没有意识到詹姆斯早就改了。
>
> 在詹姆斯身上，我跟另一位受托人的看法不同。我真认为詹姆斯在奋发读书的事情上是认真的。我认识詹姆斯的时间不如另一位受托人长，所以，詹姆斯和我之间没有"黑历史"。[1]

詹姆斯和他的受托人共同制订了一套计划，其中包括制约和权衡的条款。实际上，詹姆斯的确是认真的，而且还完成了自己的学业，迈上了自己人生的新台阶。

讲这件事，其实是想说，如果有个特别的叙述(正面的也好，负面的也罢)对我们很有用的话，我们可以把它讲得更细一些。如果用处不是很大，我们也许就要跟它保持距离。这事说起来轻松，做起来还是要有些巧劲的。天性让我们会抵触变化，特别是那些存在很久的叙事技巧。

我们有一位朋友，叫史蒂芬妮·艾伦(Stephanie Allen)，是一位资深调解员，对神经科学也知之甚广。艾伦建议我们最好采用一种新的叙事技巧，前提是：

- 我们意识到自己当前的方式是什么。
- 我们有更换叙事技巧的重要原因。
- 我们决意要换。
- 我们不顾反对，毅然要换。

下面补充的问题也许会让读者认清自己的叙事技巧。

如果你是(或者将来会成为)一名受托人：

- 作为一名受托人，自己的正面设想有哪些？这些想法从哪儿来的？怎么才能帮到我？
- 虽然我擅长做受托人，但我的强项和优势在哪里？
- 如何发挥这些强项和优势在我的受托人角色中的作用？这些作用对我有何影响？对受益人有何影响？

如果你既是受托人，又是做了很久的(至今可能还是)受益人：

- 我能回想起一位有影响的——让我感受到关爱和尊重的——受托人吗？或者，是一位经过时间的洗礼，赢得我信任的人？谁曾告诉我存在关爱、尊重和信任？对我和我的受托人而言，好处是什么？
- 我做受益人时积攒的良好经验，如何能更多地融入我作为受托人的角色中？

如果你是(或将来会成为)受益人：

- 对“成为一名受益人”，我想说些什么，怎么想的，感受如何？对我的信托和我的受托人又如何呢？这些叙事技巧都是从哪里来的？
- 这些叙事技巧(正面的或者负面的)对我有用吗？如果有用，怎么有用？对我有何影响？
- 改变一两个叙事技巧会不会对我更有用？如果是，怎么改？如果我真改了某个特定的叙事技巧，大概会产生什么影响？要改动，从哪里开始着手呢(不管这一改动有多么小)？

现在，我们已经认识了信托系统圈——一个由人、各种结构、各类角色和围绕某个家族信托自然产生的多种责任等所组成的环境系统。我们学习了一些关键术语来帮助我们更好地理解，还有机会去思考自己努力的方向以及伴随自己起航的各类设想。在本书的下一章，我们将进一步研究信托系统圈内的某些群体，特别是剖析他们的不同角色和职责。通过这样的信托系统圈，我们将继续探讨有关建立更稳固的信托关系的实质性内容。

注释

1. 节选自《值得信任》，“James Has a Thirst for Education”，Trustscape LLC（授权再版）。

第二部分

参 与 人

第五章 信 托

如果你让100位信托系统参与人描绘一份信托(我们已经这么做过了),大概60%的人或许会说,信托是一种可以获得并持有资产的媒介;另外有30%的人可能会说,信托是一种法律文书或者税收策略;余下的人也许不太确定。所以,大家可以看到,90%的人都错了。合理的解读是,信托是存在于信托创立人、受托人和受益人之间的一种关系。

在本章,我们将用非常简短的内容,全面介绍这种关系的法律性质。在整本指南中,我们将有大量内容涉及这个即将谈及的比较敏感的关系。

信托史简述

几百年来,确立信托关系的法律原则均出自法院判决,而非立法机关通过的成文法规。有史以来,信托法一直由法官决定。

依此法律传统,信托关系的存在需要以下几项要素:(1)创立信托的意愿;(2)合法的用途;(3)赋予受托人的财产;(4)确定的受益人。

信托创立人必须**有意**创立信托关系。[1] 最常见做法是请律师协助,由律师制定书面信托工具。创立信托的内容措辞可参照遗嘱或独立信托协议。

信托创立人可有意创立具备几乎任何合法**用途**的信托。常见用途"从规避遗嘱认证税,到替那些无法自己管理、不应自己管理或者希望不用自己管理的人进行财产管理；从为多代家族成员提供适度、持久的财富享受，到避税、避免受益人的债权人对信托财产提出权利主张等目的”。[2]

信托创立人将财产的**合法所有权**转让给**受托人**。表面上看，受托人接收的财产类型是没有限制的：

● 私人住所，含度假住宅。

● 私人财产，如艺术品、交通工具、珠宝、家具，以及概而言之，除不动产以外的财产。

● 股票和债券（以及更复杂的证券产品，如金融衍生品；私人合伙机构的利息，如对冲基金）。

● 投资性不动产。

● 封闭型控股公司。

● 保单。

受托人代表受益人管理所托财产。受托人与受益人之间体现的是受托管理关系。大家可以将这种关系理解为强加给受托人各种职责，要求其忠心耿耿、兢兢业业。

在继续讨论之前，先花点时间了解上述四类合法信托要素中所没有涉及的内容。信托载体没有被提到，甚至连一份文件都没有被提到：有时没有书面条款，信托依然可以成立。（显然，落实到白纸黑字更为明智。）受托人也没被说及。毫无疑问，受托人的角色至关重要。然而，没有受托人，信托也可以存在。有时候，受托人在尚未找到继任者前，就辞职不干了。遇到这类情况，当期受益人可能必须得选出一位新受托人。即便没有受托人，该信托也不会消失。

现在，花点时间了解一下四要素常遇到的情形。虽然有信托创立人，但却处在幕后，是创立人明确了信托的用途、意愿以及（可能的）财产。在这四个合法信托要素中，唯一出现的人就是受益人。受益人——非信托创立人（也许早已离世），亦非受托人——是信托之所以存在的唯一重要人物。但是，经常遇到的情况是，对于信托的创立或接受管理，受益人往往事后才被想起，或者被当成一种麻烦。

信托法新动向

在美国，信托关系受州法管辖。观察某州各法院已经判决过的案子，你会发现，关于信托法的解释可谓千差万别。这说明，各州法院判决过的案例数量和种类不一，导致有些州的判例法相对其他州更为成熟。

尽管各州之间一直在抢信托生意，但最近几十年来，它们大费周章欲使各州信托法保持一致。成立于1892年的美国统一州法委员会(NCCUSL，简称“委员会”)，汇集了一群受人尊崇的私人律师、公职律师、立法人员、法官和法学教授。委员会成员均受各自州政府委任，其使命为“研究、制定并推动统一的州法，特别是在值得统一并且可操作的领域”。[3]

委员会制定了“统一法令”——这项法令覆盖了不动产和信托之外的法律领域——后面，就由各州立法机构决定是否采纳这项法令。各州可灵活决定：或整体接受，或部分采纳，或修订后采纳，或完全拒绝。

2000年，委员会提出了《统一信托法典》(UTC，简称《法典》)。法律中涉及信托关系的特定内容均被纳入了《法典》，并成为各州立法典范。至今，大概有50%以上的州政府已经采纳了某个版本的《法典》。州立法机构通过了很多成文法规，而该《法典》是唯一一部影响信托关系的法规。

尽管《法典》受到了推广和采纳，但随着影响信托的成文法的扩散，各管辖权之间的协调几乎已经消失。目前，各州在信托关系的管辖法律法典化问题上差异非常大。

例如，有些州打算将管辖权分为“信托创立人意图型”管辖权和“受益人保护型”管辖权。从传统意义上讲，信托创立人的意图是受人尊重的。在某些司法情形下，这种倾向“信托创立人意图优先”的观念，正逐步转向“受益人唯一受益”的原则。在这些情况下，受益人更方便更改信托，或者撤换信托，以旧换新。在第十七章，我们会更详细地介绍“撤换”指的是终止一份信托，并将名下资产转移至新信托中，而新信托的条款对受益人而言更加有利。

不同管辖权之间还有很多其他分歧，包括：

● 信托财产对债权人的规避程度。

● 起诉受托人的难易程度。

● 信托的存续时间。

● 划分共同受托人之间受托管理责任的能力。比如，共同受托人甲被指定承担信托资产的投资管理。共同受托人乙则不必操心资产投资，而且一旦投资出了差错，也无需承担责任。

讲了这么多，其意义就是让信托创立人知道，做好与律师的沟通，将信托创立人的意图厘清（特别是它涉及受益人的福利）至关重要；另外，还有"位置"的观念也非常重要。

本章练习

以上是有关信托的大概介绍。如果你觉得上面的内容过于理论化，下面这个生动的练习可以带你与你的参与人以及/或者法律顾问展开至少一场谈话（我们特意没有谈及你的信托条款的税收影响。请向你的法律顾问咨询该部分问题）。

我们认为这是一场"寻宝"练习，而你的信托协议就是"藏宝地"。（如果你的生活受很多份信托的影响，那么，从中选出平时或将来对生活影响特别大的一份信托。）我们所说的"生动"，并没有嘲讽的意味。没错，你的信托文件大部分内容很可能是死板的模板合同语言，用以避税、管理信托等。模板合同语言通常是比较啰唆的法律术语，枯燥无味。但是，千万别跳过它。

那么，宝藏到底是什么呢？请跟着我们的问题去寻找你的宝藏。这些问题虽未包罗万象，但所涉内容丰富多样。所有答案都指向你的"宝藏"——其中一小部分真的会隐藏在标准合同语言里。

这场"寻宝"练习的规则轻松、不教条，所以，在开始之后，尽情添加自己的问题即可。祝你"寻宝"开心！

待回答的基本问题

● 谁创立了信托？

● 能看出信托用途是什么吗？

● 信托何时生效？

● 受托人(们)是谁？

● 信托辖下财产是什么？(可参阅受托人针对近期信托资产清单所提交的最新对账单。)

● 目前，谁有权享受信托的分配收益？将来，会有不止一位受益人享受分配收益吗？

受托人相关问题

● 倘若我的受托人不止一位，他们的职责要分开吗？

● 倘若现任受托人离职或者被解聘，谁来继任？

● 受益人能撤换受托人吗？

● 有时候，继任者并不是直接被委任，而是通过另外一种方式。倘若如此，这种方式是什么？

信托财产相关问题

● 管理信托财产时，有特别指示吗？

信托分配收益相关问题

● 有些分配收益是自动产生的吗(例如，收入分配)？有些分配收益是有时间规划的吗(例如，要求受益人达到一定年龄)？

● 受托人通常可自行分配收益。倘若如此，受托人自行分配收益的意图何在呢？

信托保护人和信托委员会相关问题

● 任命一位信托保护人了吗？

● 如已任命，赋予信托保护人的权力有哪些？通常，信托保护人的职责是确保信托用到正途。

● 成立一个或以上的信托委员会了吗？

● 如已成立，它们的意义何在？

信托何时终止的相关问题

● 我的信托何时终止？受益人何时才算达到一定年龄？要等到某人去世吗？

● 信托终止，信托资产如何处理？财产会直接归某人所有吗？还是转入其他信托？

● 有人有权决定谁来接收信托财产吗？如果有，如何行使这个权利？

如果你已经从这个“寻宝”练习中搜集到属于自己的宝藏，问一问自己：

● 何事让你意外？

● 何事让你愉快？

● 何事让你困惑？

后续问题

● 你还有补充问题吗？

● 谁来回答你的问题最好呢？

恭喜你！如果你完成了这个练习，回答了大部分甚至全部我们所设置的问题，那么，相对其他很多参与人而言，你已经比他们更为熟悉自己的信托了。一位同事曾对我们讲：“如果让我给受托人和受益人提一条建议，那就是‘阅读信托’。”我们只会在后面加一句，“再读一遍”。

注 释

1. 在后面章节中，本书作者将会介绍信托创立人的“意图”（intent）。介绍时，我们所讲的并不是信托创立人创立信托时的直接意图。我们将“意图”一词与信托创立人创立信托时的“动机”（motivation）或者“用途”（purpose）经常交换使用。

2.《重述法律（第三次）：信托法》（下称《重述》）由美国法律协会（American Law Institute）出版。《重述》的编者包括一名记者、数名副主任记者、数十位顾问和一群本身是顶尖律师、教授及法官的咨询师。《重述》内容“借鉴了法院判决结果和成文法规，力图为美国信托法律的最佳原则提供一个完美的表述”。

3. www. uniformlawcommission. com/Narrative. aspx? title=About%20the%20ULC.

第六章 受托人

在本书第一部分，我们带你认识了“信托系统圈”而不是简单的信托。在第五章，你已了解到，所谓“信托”，通俗而言，指的就是一份确定了某些权利、职责和关系的文件。“信托系统圈”是一个体系，不仅包括上述权利、职责和法律关系，而且还有人际关系。这些人际关系常见于人与人之间、人与机构之间，而这些机构又掌握着一定权利，承担着职责，涉足一些关系。对大多数家族而言，他们的信托系统圈一般都包含着存在于其他法律实体之间的多重信托。

在本章以及第七章、第八章，我们将更详细地介绍信托系统圈中的这些细节，分析身居其中的人或机构的角色作用。在阅读这三章内容时，尽量在这些角色和信托系统圈中找到自己的位置。也许，你会发现自己身处多重信托中。这种情况很常见。信托系统圈就是这样一个世界——你可能同时处在多个境地。

受托人

受托人确实是“受人所托”，接收信托财产的人。引用我们以前所写书中的术语，受托人就是将从信托创立人开始的“馈赠周期”维持下去的人。

这个首要目的暗指的是受托人的几种义务和职责。

受托人最主要的义务有三个：信托管理、信托资产投资和向受益人分配信托收益。

信托管理包括替信托资产记账——记录信托资产状态，如有必要，还要分清楚信托收入与产生收入的标的财产；做好信托税收申报；完成任何其他必要的信息披露或汇报。管理工作似乎让人兴奋不起来——没错，它确实挺无聊的……直到有人站出来，索要一份文件或者要求做好未来的账目。现在，家族成员或者他们的顾问不再持有账目副本，而且这种情况极为普遍。于是，便由做好充分准备的受托人来证明其在管理中的勇气和耐力。

大部分受托人往往并非专业投资人，所以，受托人的**投资**义务一般包含以下几个方面：(1)遴选一位投资顾问：顾问深知利用信托资产进行投资时的特殊要求；(2)建立一套确认并能及时更新信托投资政策的程序；(3)跟踪记录信托投资业绩，并为其设立基准；(4)（除非另受指示，否则需根据信托文件本身要求）确保信托资产投向符合当代投资组合理论的多样化投资组合产品，即在投资政策声明的指导下，该组合可以平衡预期收益与预期风险和波动性。

我们认为，**分配收益**是受托人三大义务中最重要也是最常被忽视的一个。有时，这个义务范围会扩大到“分配信托收入，同时不影响标的”。又有时，根据信托文件指示，该信托在受益人达到特定年龄时，应将标的收入分配出去。然而，经常遇到的情况是，受托人会被赋予一定“自由裁量权”，决定如何分配收入，甚至分配标的财产，以满足受益人某些需要（例如，“健康、教育、生活费、资助费”），或者由受托人视情况而定（后者被称为“绝对自由裁量权”）。在受托人自由分配收益的情形中，受托人可以建立一套流程来获悉受益人的真实需求信息，包括受益人的财务状况、教育或工作规划以及其他个人细节信息。

三大义务常受制于职责内容。这些职责并不等同于一份写着“乐于拥有的事情”的“愿望清单”。数百年的司法判决以及立法史已经让这些职责演变成了“必须拥有”或者“必须要做”的事，而且还要依法执行。如果要展开讲，受托人的职责能写好几本厚书。这里，我们只是蜻蜓点水，简单介绍三个最重要的职责。

记账职责：这似乎是一个相对简单的职责。如果有人委托你一样东西，你必须有能力告知对方你把它放在了何处。不过，若是金融工具甚至是不动产的话，刚才的要求还是很难做到的。另外，在很多司法辖区，这条职责经常附带以下要求：将信托业绩表现的年度记账情况提交给成年的受益人。对父母以及受益人的受托人而言，这项要求可能难以接受——受益人是合法的成年人，但可能因为知道了他们自己是信托受益人而受到伤害。

尽心职责：信托不是保险箱，受托人也不是保安，不会毫无目的地守护着信托财产。信托存在的目的乃是为受益人带来福利，而受托人必须细心揣度受益人的真实需求，并依此行动。

一视同仁职责：很多信托通常会设立一位特定的主受益人，但是，几乎所有的信托都会设立多重受益人，甚至多级受益人。例如，某信托可能只惠及长子，之后是长孙；或者某信托也许只顾及配偶，待其离世后，信托归慈善。受托人的职责就是维护所有受益人的利益，一视同仁，而不只是服务于那些仍在世，或呼吁最强烈，或自己最喜欢的受益人。

这些目的、义务和职责体现了受托人的**作用**。至于受托人的**类型**，则可以分为下列几种。

个人（“自然人”）可以成为受托人。此人也许是职业人士，或者外行人士。最常见的职业个体受托人有律师、会计师或理财顾问。有时，制定信托文件的法律代理人可以被任命为受托人。又有时，信托创立人希望自己公司的首席财务官或者长期服务于公司的律师来担任**个体受托人**。

外行受托人可能包括信托创立人的配偶，或者他/她的亲兄弟姐妹、孩子、堂/表兄弟姐妹，或者最好的朋友。再提醒一下，正像“受托人”这个词的含义所指，选择受托人的主要标准，并不一定是专业技能，而是道德情操：此人通常是信托创立人极为信任的人，并能守住他/她的信托意愿。

不过，个体受托人往往并不是唯一的受托人。有些大公司或企业可以承接受托人业务。这种情况下，受托人通常被称为**机构受托人**。机构受托人平时雇用信托管理人以及其他员工来服务信托客户。基本上，机构受托人都设有承接客户信托业务的信托评审委员会，以及根据自由分配申请来决定信托分配的分配委员会。两个委员会虽然都是人在操作信托，但是受托人却是公司。机构受托人可以确保客户的信托资产独立于公司自有资产。这样，即便受托业务失败，信托客户也有能力毫发无损地收回自己的资产。

选择受托人

画家在构思画面时会有很多选择，同样，信托创立人，有时候还包括受益人，在构思信托“画面”时，也有很多选择。也许，最重要的就是选择受托人。对很多人而言，这是一个很难的选择题。很多因素会牵涉其中，而且通常还要让人猜谜，看一看要做些什么工作才能把那些或是儿童或是尚未出生的受益人服务到位。

选择个体受托人还是机构受托人？在琢磨这个问题时，很多人发现，对比二者各自的优缺点颇为有用。我们用下面的表格简明列出了二者可能存在的优缺点。有些也许对某些受托人适用，而其他内容并不适用。我们欢迎大家在这个表单上增添自己的想法：

类 别	个体受托人		机构受托人	
	优 点	缺 点	优 点	缺 点
人际关系	私人关系：与你接触的是活生生的人。	可能会过于亲密：家族成员或朋友做受托人，可能会改变你们的关系。	职业代表人，一般被称为信托管理人或关系经理人。	你所熟识的信托管理人可能会离职或者被撤换。你还得跟其他人重新开始熟悉。
知识结构	可能熟悉你的身份，家族的运作模式。	视他/她的背景不同，也许在法律、投资或其他对信托管理而言非常重要的领域，缺乏专长。	信托管理人一般在法律、金融以及信托的日常管理等方面具有丰富经验。	一位信托管理人可能同时服务很多客户，所以，对你或你的家族了解不深。

续表

类别	个体受托人		机构受托人	
	优点	缺点	优点	缺点
沟通过程	你知道是谁做的决定，能直接让他/她解释那些决定。	职业机构受托人通常在沟通中表现正规。外行受托人，如家族成员，也许不是很正规，这会造成困惑。	机构受托人在沟通中通常表现正规。决策通常受"风险管理"思想的巨大影响。	他们的沟通过程有时候让人感觉很费劲。可能很难判别，在某个情形下，决策者是谁(如果有)。
责任义务	由个体受托人自行承担。如果你遇到了问题，你知道他们的住处。	如果你遇到了问题，会打算起诉自己的叔伯/舅舅，或者姊妹吗？起诉有备而战的律师或者会计师对你的将来也并不好。	机构受托人有大量保险，通常有资产可以补偿因信托管理不力而蒙受损失的受益人。	如果遇到指控自己管理不善的情况，机构受托人特别有能力为自己辩护。
成本因素	个体受托人的成本可能极低或不存在，尤其是自己的朋友或者家族成员担任受托人的时候。	也许你有付出，才能有收获。	机构受托人通常对自己的受托服务有着明确的收费标准。	受托人可以在既有投资管理佣金基础上增加25%或50%。这些费用增长很快。

当然，表格中二者之间的差异比较笼统，或许并没有很好地揭示特定个体受托人或者机构受托人的业务。举个例子，某些机构受托人服务的家族个体受益人所享受的私人服务不断扩大，所以，越来越多的机构受托人就将私人服务纳入其业务范围，把个体受托人的某些优势与机构受托人的优势强强联合起来。另外，在超高净值(ultra-high-net-wealth)家族中，经常会看到私人信托公司(PTC)的身影，但介绍PTC的优缺点并不是本章的任务。要了解更多关于PTC的内容，详见本书附录四。

选择受托人的最理想方式永远是：既能手握蛋糕，同时还能吃掉蛋糕。[1] 有些家族把受托人的责任分摊在各类受托人身上。比如，他们可能让一个机构受托人只负责日常管理，或者行政兼投资管理，同时，安排

〔1〕 Have one's cake and eat it，字面意思是既能占有蛋糕，还能吃掉它。然而，蛋糕吃掉后，就不复存在。所以，这句话的含义类似"鱼与熊掌不可兼得"。——译者注

一位个体受托人——熟悉这个家族和受益人的人——负责信托收益分配的决策。在本书第四部分，我们将向大家介绍一种关于受托人职责安排的新模式。

不是所有地区或信托都允许这种职责“委托”(或者，措辞甚至更为强硬些，受托人“指示”将他的某些职责移交给，比如，某位特定的投资顾问)。你得问一问自己的法律顾问，做哪些事才有用。职责委托和受托人的指示都存在一个缺点：把已有的问题搅得更复杂。把问题复杂化，反过来可能又会引发困顿、冲突和损失。即便如此，确定专业受托人和其他行业顾问，满足信托的各类职责需求，仍是非常不错的选择。

在考虑选择受托人或共同受托人的问题上，还有一点非常重要，信托系统参与人之间普遍存在利益冲突。例如，有时候，制定信托文件的律师会把他/她自己列为受托人：这个家族可能会因为文件制定不当或者信托管理不力而起诉他/她吗？类似的情况还有：机构受托人的日常管理服务很周到，但投资管理却表现平平，而且根本不想把后者让出去，因为这块服务的管理佣金最高。

化解这些利益冲突没有灵丹妙药。关键是要承认这些冲突的存在，把它们记下来，确保利益各方(信托创立人，各受托人、信托保护人，以及诸位成年受益人)都知道。如果有需要，想一些办法，调节好这些冲突。

应认识到利益冲突的存在，凸显出受托人**性质**的重要性。关于受托人类型，我们已经讲过一些内容供大家思考。显然，选**谁**当受托人——是某位个体受托人，还是某家机构受托人的代表？——很重要，甚至可谓极其重要。在权衡选择时，回顾一下本书引言部分，重温信托关系背后的五大原则。自问：推荐的受托人或信托管理人把这份工作视为“伊始，莫伤他人”的高尚工作了吗？他/她理解“忠诚可信”和“摄政”的含义吗？他/她有很强的洞察力吗？他/她有勇气、有能力激励他人吗？这些都是抽象的品质，但其重要性不可估量。

想要了解更多其他品质，或者在选择个体受托人(或评估某家机构受托人、信托管理人)时，想要问些问题，请详见本书第九章。在第九章，我们将讨论如果有人请你做受托人，该思考哪些问题。

我们承认，找到一个具备完美品质的受托人是不可能的事情。倘若你有幸发掘出这么一个人，他/她也可能不想做受托人。在本书第四部分，我们会介绍信托系统圈仍然可以通过创造性的缜密设计，将受托人的职责分摊在除了受托人以外的其他参与人身上，进而能囊括上述全部的优秀品质。

第七章　受益人和信托创立人

几年前，杰伊·休斯、基思·惠特克和我们另一位合伙人，苏珊·马森奇奥博士一起合作写了一本书——《馈赠周期》，重点讲述了父母以及祖父母如何明智地馈赠自己的子孙。我们在编写本书时发现：市面上很多针对父母而写的书，分析了以资金馈赠孩子所产生的影响，却很少有（如果有的话）针对成年子女，即馈赠接受者的书。从接受人角度出发所写的书，少之又少。我们认为，出版界的这种差距，甚至反映出一个更深层次的问题：接受人的观点以及接受馈赠时的感受，长久以来被人们忽视。大家都喜欢赠与别人。然而，极少有人（如果有）对接受人的话题表现出兴趣。

如果不是因为下面的现实原因，接受人被忽视的问题将永远停留在抽象层面上，甚至根本就不是问题，而这个现实则是，赠与人只考虑自己，却丝毫不顾及他们的接受人，很容易让他们的馈赠"变质"。忽视接受人接受馈赠的感受，可能会产生人们不愿看到的后果，比如，变成"瘾君子"和养成依赖性。尽管如此，我们所说的"变质"指的并非道德上的含义，而是一个非常基本的意思，即馈赠变得"无效"或者"徒劳"。

罗马哲学家塞涅卡说过："以馈赠之礼予之，必以其礼受之。"馈赠若是源于对控制权的贪恋，极有可能产生消极接受馈赠或者抵触馈赠。馈赠如果是无心之举，可能会带来诸如在馈赠中缺乏关心的情况。馈赠若不是出于赠与之心，而仅仅为避税而生，很可能就不再是"馈赠"，而只是一种碰运气的手段，这种福利不值得接受。若馈赠时，赠与人心不甘情不愿，接受人也很难以感激之心受之。

我们通过多年的从业经验以及写完《馈赠周期》后的几年阅历，见识过“给予和接受”等诸多现象中形形色色的情形。这些观察结论促使我们区分“转让”和“馈赠精神”之间的差异。转让仅仅是将资金从某人资产负债表上转移到另一人的表上。转让时也许不甘心，或者不上心，或者不细心，又或者心机过重、控制欲太强，而且还连带着各种“附加条件”。它们缺失的是一种精神馈赠。相比之下，精神馈赠油然而生，被人自然接受，往往有着明确的目的和意图。知道接受者是谁，也知道如何将这份馈赠融入他/她的生活中，正是基于此，才有了精神馈赠之说。因为这样的馈赠初心很好，所以接受人才更有可能好好对待。

在《馈赠周期》中，我们用一幅图阐释了馈赠的影响力和复杂性。这幅图描述的是一颗“彗星”从赠与人的方向高速飞向接受人（见图 7.1）。馈赠通常凭空冒出，突然冲向接受人的“大气层”，甚至把接受人的生活轨迹冲偏。所以说，馈赠就像彗星一样。另外，每一份馈赠都承载着某种精神或者信息。我们前面刚讲过，这种信息或许体现出一种控制欲，或者甚至是蔑视。馈赠体现出的还可能是一种自由的精神、勇气和关爱。对信托创立人，我们要问：“你的彗星上带着什么？”对受益人，我们要问：“彗星给你的生活带来了什么？”

赠与和接受捆绑得如此紧密，所以我们决定在此专设一章，介绍信托创立人和受益人的角色作用。重复一句，大部分时候，两者的介绍是分开的（如果真要介绍）。相比之下，我们认为，要成为一个出色的信托创立人，你必须留心并且清楚如何成为一名优秀的受益人。反过来，我们认为，要成为一名优秀的受益人，你必须得注意并且清楚如何成为一名出色的信托创立人。二者经常被大家忽视，所以，在这里，我们先从受益人开始介绍。

受益人和信托创立人

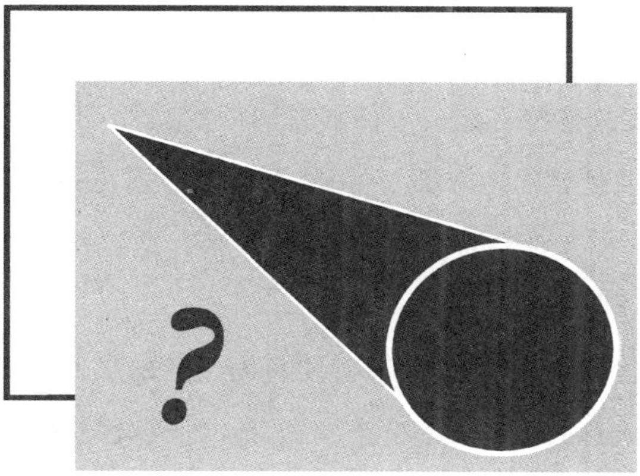

图 7.1　你的彗星上带着什么？

受益人

很多读者或许发现，说“优秀的受益人”总觉得怪怪的。收到不是自己挣来的钱，何来“优秀”之说呢？充其量，往往被说成运气好而已。更多时候，这被看成稍微有些丢人的事。难以想象，一个人向其他人宣布，他/她是个“优秀的受益人”。

这些观点反映出一种常见的偏见：挣钱为好，而从他人手里收钱则坏。不过，这种观点忽略了从他人那里把钱**收好**并非易事，也不是被动消极之事。的确，你可以不费吹灰之力，就能把受托人的存款转到你的银行账户中。然而，你要费九牛二虎之力，把这些钱花得明明白白，倾注到你的生活之中，确保这颗“彗星”没把你的生活冲偏，而是给你的生活增色添彩。用最简单的话讲，我们在此主张的是，受益人要成为**主动型接受人**。

多数人的生活是围着挣钱转。要赚钱，有很多职业供人选择。在这些职业中，又有很多清晰的路径可走。每个职业或者工作都有要爬的“阶梯”。大部分人在爬梯时很少或者根本不考虑自己做的事是否“**正确**”。

那么，无需将挣钱视为生活目标的人，该怎么办呢？有些人面临的问题并不是“我如何才能活下去?”而是“我有钱,我如何才能活得精彩?”对这群人而言,他们的生活导向标或者方向在哪里呢?前提条件、资格要求和教育路径,或者公司的“职业阶梯”在什么地方呢?根本没有。生活中的指南如此匮乏,这份工作——将不劳而获的钱用到生活中——开始显露出比普通职业更难的地方了。可是,受益人必须花心思去做,而与此同时,大部分权威人士会告诉受益人,要慢慢来。把这份工作做好,需要主动努力。

成为一名优秀的受益人,意味着要直面生活的核心难题:我如何活得精彩?如果有人真的可以直面这个问题,他/她绝对配得上“优秀”一词。

受益人一开始该如何应对这个难题呢?我们写完《馈赠周期》后,在第二本书——《新生代之声》中提出了这个问题。这本书是专门针对富贵家族里20～40多岁的人写的。我们从中摘取了部分核心内容放在本章,同时也希望读者可以去读一读原书,以便深入理解:

- 首先,问一问自己,“我的梦想有哪些?”你最想做什么?你的心何时“流动”起来?花点时间回答,不要妄评自己的答案。随时间而逝,这些答案会逐渐为你未来的人生指明方向。[1]
- 其次,问自己,你的优势有哪些?为了实现梦想,你必须要克服的障碍有哪些?更具体地讲,你觉得鼓励你和阻碍你的信念——关于自己、家族和生活的——有哪些?你如何才能加强那些鼓励自己的信念?又该如何着手改变那些负面信念呢?
- 你何时为其他人的公司或事业或利益服务过?你可曾在某个特定专业或领域里学习过?从这些经历中,你学到了什么?如果从未经历过这些,你能从哪里学到经验?
- 你在考虑自己生活中的重要关系枢纽时,哪些人认可你自己的优点?哪些朋友或家族成员认可你的梦想?哪些人积极向上、目光长远?哪些人会挑战你做自己最擅长的事?如果没有,你希望从哪里着手,建立培养起这些关系纽带呢?
- 你觉得有能力在父母或者受托人面前坚持自己的梦想吗?你觉得自

己理解信托或者其他影响自己经济生活及其他方面的类似安排吗？如果答案是否定的，你会采取哪些措施加强理解或者培养自己的技能？

以上都是些大问题，很容易把我们带出信托系统圈的范畴，超出受益人与其受托人之间的关系范围。不过，将这些问题的精髓改良后用于受益人—受托人关系中，也是有可能的。本书的合著者杰伊·休斯在他第一本著作——《家族财富》中已经这么处理过了，我们把他列出的角色清单还有受益人的各项责任全部照搬过来。再重复一遍，很多人也许觉得奇怪，认为受益人，即接受人，竟然还有角色作用或者责任。然而，这种观点忽略了接受馈赠时要做好的实际工作。实际上，这些工作职责落不到别人身上，而只有你自己。

还有一条建议，我们希望受益人在成为积极型接受人时可以采纳，那就是“感恩”。

关于感恩给人们生活带来的有利影响，最近几年出现了大量的研究调查。[2] 感恩往往能把我们的注意力从消极情绪转移到积极情绪上；我们平时很重视自己所拥有的，而忽略没有的东西。哪怕非常小的感恩——向陌生人说一声“谢谢”，比如为你挡门等你出去的人，或者给亲戚打个电话，说你的人生因有他/她而快乐——都会产生不可磨灭的影响。毫不夸张地说，感恩或许是通往幸福的钥匙之一。

然而，面对受益人接受的全部馈赠，有时候很难做到感恩。也许是因为信托创立人早已离世——可能根本不认识他/她所惠及的受益人；还有可能是因为这一宝库所涉及的后果或过程与受益人的价值观产生了冲突，很可能受益人因为收了不是他/她自己赚到的钱而感到没面子。

当信托创立人的愿望与受益人的梦想发生冲突时，感恩之情同样难以表达。例如，我们之前接触过一位女性受益人，信托创立人则是她的祖父。创立这份信托，祖父主要是想给她的婚礼支出或者购房预付款买单。她并不想结婚，也没想过马上买房。当时，她早已回学校应付功课，而且还做着一份全职工作。她真正想要的是一辆汽车，能往返于学校和工作单位之间。她和自己的受托人想了一个办法，从信托收益分配中抽出一笔钱，帮自己买了一辆车。虽然她很感激，但感激的并不是祖父；她觉得祖父根本不懂她的需要。

我们提出这些难题，是因为事实如此：没有感激之情的流露，馈赠永远是不完美的，因为它缺乏一种精神。这样的馈赠不可能真正融入接受人的生活中，往往只是流于表面，甚至成为负担。所以，在某些国家，比如法国，接受人**必须**要为馈赠表示感谢，这样才算完美。

既然心中有这样的道德观念，那么，我们建议受益人试着对自己的信托表示出一种感恩。也许，你就可以直截了当地跟你的信托创立人对话，详细地介绍这份信托给你的生活带来的某些积极影响。如果信托创立人已经过世，那可能需要你写一封信给他/她，放在自己的文件档案里。或者，你可以把这封信寄给当期受托人。如果你和信托创立人或者受托人的关系一直不怎么好，或许你表达感恩的方式恰恰反映出你作为一名受益人时所学到的东西。

这种练习不必每天或每周都要做。但是，每年练习一两次还是有道理的。经过多年的洗礼，你的生活将因信托（一份或多份）而改变，那时你也许会惊讶，自己表达感激之情的方式也发生了巨大变化。毋庸置疑，找到表达自己真实感激之情的方式对成为一名积极型接受人至关重要。

受益人的角色和职责

每个受益人都有义务自学受益人的职责和家族受托人的职责。以下是受益人的某些特定职责：

- 清楚每一份受益人感兴趣的信托，尤其要理解受托人为每一份信托拟定的宗旨声明。
- 自我学习受托人的全部责任。
- 理解受托人的义务——维护信托资本购买力的同时，确保收益型受益人享受合理的分配率。
- 全面理解当代投资组合理论、资产配置的形成过程。

• 确认并寻找证据，证明每一位受托人都维护着全部受益人的利益。

• 每年与每一位受托人会见一次，讨论他/她的个人财务状况、个人目标，告知受托人关于履行信托义务、对受益人的义务以及对家族管理义务的表现和作用，他/她对受托人有何看法。

• 熟悉家族信托管理安排中每一项要素的作用和重要性。

• 参加年度家族商务会议，接受家族治理体制内的责任人角色，并要满足角色资质方面的要求。

• 培养综合能力，清楚委托人的记账职责。

• 有意愿参加培训课程，掌握财务知识（通过家族研讨会、家族基金资助的课程项目）。

• 清楚受托人和其他专业人士如何计酬，酬劳多少。全面掌握信托预算，以及信托投资的主体预算。

信托创立人

信托创立人对应的角色和责任是什么呢？说信托创立人还有责任，也许听起来有点奇怪。一个把自己钱财都送掉的人，能有什么责任呢？赠与人如果觉得合适，这不就是一个免费赠送吗？

毫无疑问，自由是馈赠的核心要素。然而，自由和责任并不冲突。实际上，大部分家长会对他们的孩子说："要自由，就要承担责任。"二者密不可分。例如，你领车钥匙前，得先证明自己能负责任地开好车，也就是说，你开车不会给自己和他人造成危险。责任给享受真正的自由划好了边界。

当然，一份新信托既不需要车钥匙，也没有驾照考试。只有信托创立人自己才能决定他/她是否准备好制订一个负责任且寄托着一份精神，并以信托形式表现出来的馈赠方案。我们的经验是，大部分人一般没准备好，即便是在认为自己准备好了的时候。走好这一步可能要从长计议。根据税法及类似制度的调整，做这件事的截止日期往往能被猜到，所以，急不得。也许对某些会计师和税务师而言，下面这段话离经叛道，但我们还是要说：最好现在把税费付清，别让馈赠的全部资本冒险，因为对未来的子孙来讲，这些资本就是毁灭性的彗星。用最简单的话说，我们希望信托创立人是**积极型赠与者**。

那么，一个聪明的信托创立人到底如何才能积极且又负责地赠与他人财物呢？首先，必须要认识到“有意而为”，就像我们的朋友兼同事约翰·A. 瓦尼克说的，“有目的的”行动的重要性。与受益人情况不同，信托创立人的职责不是针对自己，而主要是针对他人、针对受益人。履行对他人的职责需要思考和细心，要有目的性。

目的性赠与的第一步，是问一问自己：“我是一个真正的信托创立人吗？”大部分人实际上属于信托**签署人**，即律师制定了信托文件，大部分甚至全部内容充斥着模板合同语言，大家在上面签字而已。这属于不动脑子的事。的确，假如你在很短的时间里要在堆积如山的文件中倒腾，你甚至连信托签署人都不是，最多也许是个盖章的！

动脑子做事时，首先要清楚自己的过往。我们希望信托创立人问一问自己下列几个问题：

● 你送过什么东西，提高了自己和接受人的生活质量？举个例子。这样东西可大可小，其实，大小无所谓，关键是一种精神。

● 你送出去或者收到过什么东西，并没有提高赠与人和接受人的生活质量？举个例子。有意思的是，大部分人往往更容易想起来那些负面、失败的馈赠，而不是积极、成功的馈赠。这就说明，做好馈赠是多么难。

● 目前你在馈赠时，遇到了什么困难？打算如何解决？

我们现在或者将来都想要把馈赠做好，但一直受到以往经验的束缚。如果我们对过去视而不见，则会忽略前车之鉴，然后不知不觉中，让自己陷入了难以预测的后果。这与有意而为的情况可谓大相径庭。

在准备寄托着一份精神的馈赠时，问一问下面几个问题，也许能帮助作为一名信托创立人的你，更清楚地了解还作为一名赠与人的你自己：

● 你现在处于人生哪个阶段，即你成长到了哪个阶段？40 岁时的馈赠与 80 岁时的馈赠差距还是很大的。历经人生所有阶段后，我们的希望和理想都会不一样。这些希望和理想自然会影响到我们对馈赠的期望。

● 你想做成的事是什么？这个问题更多想表达的是，你想通过馈赠获得什么结果，而不是馈赠本身所蕴含的目的或意图。馈赠的目的可能是提高受益人的生活质量。这种目的所实现的结果之一，也许是限发资金，以防受益人上瘾。有时候，赠与人和接受人之间最激烈的谈话，往往涉及馈赠意图和结果之间表面上的差异问题。通常，人们只看到当下的结果，而忽视了长久存在的馈赠意图。

● 这份馈赠体现出你的价值观念了吗？对每一位赠与人而言，这是个根本性问题。我们都有主宰着自己选择和情感的价值观和深刻的信仰。有时，我们对这些价值观的认识不是特别清晰，结果，当发现自己的馈赠被人用一种有违自己价值观的方式利用时，会开始发火。还有，赠与人会将遵守他们的价值观作为接受自己馈赠的一项条件，结果招来接受人的一片指责或抵触。你的价值观是什么？你希望它们干预自己馈赠的程度有多大？这两个问题只有你才能回答，不过，对做好馈赠工作来说，在馈赠之前解答好这些问题极其重要。

● 这份馈赠会给你带来快乐吗？回答这个问题，你需要发挥一下想象力。想象一下，你已经用信托做了一份馈赠，现在已经是几十年以后了。这份信托已经影响了受益人的生活。影响如何呢？可能做的选择有什么呢？从哪些方面，它可能会阻碍受益人呢？这样的未来给你带来的是欢乐还是痛苦？如果是痛苦，也许很重要的事情是，你要对这份信托三思。

下面，作为信托创立人，问一问自己，你正在深思熟虑或者已经做好的信托馈赠，是否包含一种精神？

● 信托有明确的意图或目的吗？

● 信托的重点是提高受益人生活质量吗？

● 信托的目的明确传达给受益人了吗？

大多数情况下，信托创立人的馈赠都有明确而积极的目的，但是，当提到上面第三个问题时，信托创立人往往会推诿称："我怎么能跟受益人介绍这份信托呢？可能会打击到他们的！"这的确是很现实的问题。我们虽然希望能明确传达信托的有关信息，不过，还要面临另外一个现实：过早地沟通信息可能演化成"彗星"事件，导致受益人偏离自己的生活轨迹。只有你能及时判断，此刻此事是否属实。如果那么做，好像真的会把接受人的生活带偏，那还是别跟接受人沟通有关馈赠的信息了。但同时，要记住，只有沟通过的馈赠才真正属于馈赠；否则，永远只是一种转让。那么，重点是：什么时候沟通才方便？怎样才能帮助受益人等到这个时间点？如果这个点似乎永不会到来，也许，聪明的做法就是，根本不做馈赠。

对信托创立人而言，为了做好馈赠，了解自己是一件极为重要的工作。同样，了解意向受益人也至关重要。馈赠一个你不认识或者不想去认识的人是做不好的，即便有好的结局，也纯粹是运气好。在这部分结尾，问自己几个关于意向接受人的问题：

● 接受人目前处于人生哪个阶段，即何种成长阶段？馈赠一名青少年，与为一个中年人设立信托，二者之间自然存在巨大差异。

● 接受人的性格如何？你信得过他/她吗？接受人习惯性做出的选择，是好还是坏呢？面临这些问题也许比较痛苦，但如果你想如实地评估接受人妥善接受馈赠的能力，必须得面对它们。

● 接受人的脾气如何？脾气和性格是不一样的。生活中，接受人常见的脾气是这样的：慢性子和急性子，温柔和暴躁。一个人的脾气可以让人厌烦，但它并不会像性格不好那样冒犯到别人。

● 接受人有哪些赚钱的技能和知识？虽然成为一名优秀的接受人不一定要有 MBA 学位，但是，如前所述，了解一些基本知识是一名优秀接受人的责任。倘若接受人不具备这种知识和技能，你或者受托人又该如何帮助他/她学习一下呢？

● 接受人的坚毅精神如何？这是个关键问题，因为坚毅精神会影响受益人将“彗星”（馈赠）融入自己生活中的能力。坚毅，指的是受到挫折后的“反弹能力”。这种精神既靠先天基因，又靠后天学习。通过工作、拜师学艺、运动以及其他要求严苛的活动，都能培养坚毅精神。如果接受人缺乏坚毅精神，你或受托人该如何帮他/她提高坚毅精神水平呢？

讲到这里，或许你马上就要做完信托，开始做馈赠了。如果你在对自己和接受人有了非常清醒的认识后，才做以上动作，那么恭喜你：你跑在了大多数信托创立人的前面。对受益人来说，有些信托知识是必须知道的，而对信托创立人而言，甚至可能要求更高。在这段结尾，我们又给信托创立人的责任栏里加了几条：

- 透彻理解信托协议。
- 自学关于受托人和（如果适用）信托保护人的知识。
- 清楚受托人的职责之一是平衡当期受益人、信托剩余资产和临时受益人之间的利益分配。
- 了解基础的当代投资组合理论及其在信托资产分配中的应用。
- 搜集材料，证明每一位受托人维护的是全部受益人的利益。
- 每年至少与受托人见一次面，评价受托人的表现，特别是从受益人发展成长角度去评价。

很多信托创立人平时有自己处理信托的方式，而我们刚才讲的那些责任，从某种意义上说，相比而言，内容更广、更细。不少信托创立人把自己创立的信托视为“我自己的钱”。结果，他们可能频繁地与受托人接触，要求把信托的投资业绩做得更好看。对受托人认为信托管理不能像私人基金管理一样，他们还大为光火。上面列出的那些责任，可以帮助信托创立人认识到，信托基金不是私人基金，二者的管理是不同的。此外，实际上，关键的问题并不是“信托投资的回报情况如何？”而是“信托给受益人的生活带来了什么影响？”

最后，让我们再回到信息传递的话题。前面已经提到过，馈赠的信息沟通没做好，那是不完整的——永远都算是转让。当你的接受人是独立的成年人时，我们推荐以下“三步走”模式，以促成信息的沟通（在本书第十六章，我们会更详细地讨论这个“三步走”模式）：

● 第一，弄清楚你想沟通的内容，然后跟自己的配偶或搭档讨论，共同设计与自己孩子或其他接受人沟通的方式：一对一还是一对所有人。一对一的沟通往往压力较小，而且更容易操作。不过，父母必须要小心，孩子之间是会相互交流的，所以，与他们的沟通必须要保持一致。

● 第二，跟自己已成年的孩子谈谈，并借此机会“主动掌握他/她的想法”。跟孩子沟通自己决定要分享的东西，然后聆听孩子的想法，看一看他/她有什么问题，反应如何。提醒可能成为自己馈赠接受人的孩子，跟他/她讨论这个话题，目的并不是要确定接受人。在你做完所有的计划安排后，你有权随时改变主意。但是，你会欢迎他/她提出自己的想法。有时，孩子们的想法确实很有帮助，尤其是在给他们自己的孩子做信托安排的时候。

● 第三，反思总结自己跟成年孩子们的谈话。和配偶或搭档确定自己的规划是否有要修改的地方。如果有，一定要保证这些修改信息传达到自己孩子的耳朵里。不管怎么样，一切都要回到孩子身上，让他们知道，你不但规划全面而且赞赏他们的参与。

这个过程说起来容易，做起来难。不过，我们见过太多夫妻沿着上述步骤，一步步艰难走来，最终收获的是美好的结局。走到这一步，往往需要你耐心、诚恳，有时甚至是费尽心力地跟自己的配偶或者孩子们交流一番。然而，系统推进这个过程可以大幅降低在你去世后，产生交流困难甚至冲突的可能性。

可是，当你没有独立的成年受益人可以通过这样理性的方式与你交流时，怎么办？如果你的接受人都是未成年人或者甚至尚未出生，怎么办？如果他们因为是“瘾君子”而丧失行为能力，怎么办？

说到“瘾君子”接受人，我们建议信托创立人认真思考本书第十五章中比尔·梅辛杰提出的，主要针对这块难点的几项建议。

至于未成年或尚未出生的接受人，你心里务必要清楚，你此刻做的馈赠并不完整：你做的只是一份转让，还要仰赖受托人将“馈赠”变得圆满。

这一点极其重要，你得知道。遇到上面的几种情形，必须靠受托人将馈赠精神灌输其中。要做到这一点，受托人不得不依照你的引导和指示，有时候，会按照你的书面意愿，或者第十章介绍的信托序文。话说回来，你还得给予受托人一定的自由，让其根据未来接受人的性格和素质，确定最终馈赠所蕴藏的精神含义。

再重复一遍，如果一个人对馈赠的东西丝毫不知情，那么，没有人能把这样的馈赠做好。这种无能为力的情况，引出了上述情形中需要考虑的最后一点：你必须信任自己的受托人。当你的转让的接受人是未成年人或者尚未出生，选择受托人和设计信托系统圈就成了至关重要的工作，因为正是受托人（可能会受到本书第二十章和附录三所介绍的分配委员会的支持）才能将你的转让圆满地变成附有精神寄托的馈赠。谁能扮演好这个角色呢？首先，回顾一下本书引言部分所讲的五大原则，特别是好好思考"摄政"原则的含义。

最后，起码是为了打算创立信托的人，我们想补充一个问题：你想给自己的信托起什么名字？这可能看起来是个小问题。实际上，当各种文件满天飞，准备拿去签字的时候，信托的命名往往非常草率。结果，大部分信托的名字很繁琐，不仅包含赠与人的名字、日期，可能还有解释信托类型的法律辞令，比如，"某人 2015 年捐赠者保留年金信托"。

不过，如果你提早几年布局，你的受益人将会如何看待这份信托呢？他们会收到一份信托协议副本，但可能不会在意这份文件，除非读过本章第一部分内容。然而，他们从成年阶段的某个节点开始，会收到不知道是谁管理的信托资产的月度或季度对账单。单子最上方的内容将是你的信托的名字。你希望他们看这个名字就像看乱七八糟的东西吗？你想提醒他们一个对他们而言也许毫无意义的日期吗？你是一位值得尊敬的人，那么，你想这个信托名字都是关于你个人的吗？

这些都不行。你有没有其他的可能表达出一定价值观的措辞，可以让你的受益人每次打开信托对账单时，就引起他们的注意？这些措辞又是什么呢？或许，其中一些措辞可以用作非常好的信托名字。为信托命名虽是一件小事，但却是积极型赠与中非常重要的一步。

注释

1. 关于“心流”(flow)和梦的解释，请参阅米哈里·契克森米哈(Mihaly Csikszentmihalyi)的经典著作：《心流：当下的幸福》(New York：Harper，2000)。

2. 请参阅，例如，马丁·塞利格曼(Martin Seligman)的著作：《真实的幸福》(New York：Free Press，2002)的第五章，以及后续其他很多书籍。

第八章　信托保护人和信托顾问

信托由受托人把守着，所以，人们通常把它理解成类似保险箱一样的东西；而受益人甚至可能被人们当作保险箱窃贼，总想着找个口子，把里面的私人财产拿走。

在本书前两章，我们对受托人的这种形象表达了不同的看法。假如信托就是一个保险箱，那它根本不是信托：信托要求必须存在一个它可以惠及的对象，即受益人。受托人可不是布林克斯的守卫，他/她/它必须承担分配信托的责任。实际上，这份责任只是受托人最高职责的一部分。

尽管如此，把受托人视同"守卫"的观念影响力仍然十分大。于是，便引出下面一个问题。这个问题是由两千年前的罗马诗人朱文诺(Juvenal)首次提出的：Quis custodiet ipsos custodes? 翻译过来的意思是："谁来守护守卫者本身?"

信托顾问

这是普遍存在的一个问题。如果你打算将资产委托给一家银行，或者一名律师，又或者一位朋友，收益归一个自己平时特别关心的人，你怎样确定这个受托人会按照你的意愿管理和分配这些资产呢？如果受托人是个人，你肯定早就审查过他/她的性格特点，发现能信得过。如果此人是职业人士，你可能还可以通过他/她的职业身份和道德操守来判定。

如果受托人是一家公司，你很可能凭借该公司成熟的制度程序，以及公司对其声誉的担忧和对诉讼的畏惧来做评判。

然而，这些保险箱守卫并不是绝对不会出问题的。即便性格再好的人也可能持不同意见。职业道德、成熟的流程、声誉和诉讼观并不能确保他们会完全遵守信托创立人的各项意愿。

于是，信托系统圈里有时候会加入另一种或一套角色，被称为“信托顾问”。虽然一个家族有律师或者会计师为其提供有关信托创立或者调整的意见，而且这位职业人士平时也可能会被视为“信托顾问”，但真正的信托顾问与他们这些人存在很大的区别。

信托顾问的产生，就是为了监督“监督人”，守护“守卫者”。一般情况下，信托协议中会写入信托顾问的角色，并对其权力和责任做一些界定，同时还会对信托顾问如何（或者是否可以）选择自己的继任者进行介绍。

信托顾问的常见职责包括：

- 审查投资管理决策。
- 接收并审查受托人账单。
- 审查分配决策。
- 遇到申请，根据信托创立人在该信托中的意愿或者希冀，向受托人提供相关看法。
- 做受托人和受益人之间沟通的桥梁：在受益人真实需求方面，向受托人提出建议。

通过这些职责，在很多方面，信托顾问也许有些像信托创立人的代理人或一个替身，代替的是已经故去或者因法律规定而不能试图影响受托人的信托创立人。所以，信托创立人往往会选择平时与自己交往紧密的年轻伙伴做信托顾问。这样的人一般深受信任，甚至可能被信托创立人尊崇为“第二个自己”。

有一点非常重要，信托顾问通常无权替受托人做出决定，所以，信托顾问没有受托责任。这就意味着，信托协议中不会要求信托顾问独自行动，维护信托受益人的最大利益。另外，信托顾问不受受托人责任条款的制约，所以，也不会面临由此责任而带来的声誉和经济风险。没有受托责任的束缚，家族或商业知己会更想尝试信托顾问的角色，因为他/她只需关心自己的个人财富就行。

信托保护人

从信托顾问的角色又派生出另外一类“守卫人”，即信托保护人。起初，信托保护人的出现，是为离岸信托提供一些具体的日常管理或者税务服务。不过，过去20年间，在美国信托环境下，信托保护人群体已经发展成更为常见的现象。

有些管辖区还专门立法，明确了信托保护人的地位（例如，《统一信托法》就包含了信托保护人的内容），界定了信托保护人是否承担类似于受托人的职责。于是，对那些考虑是否接受信托保护人任命的人来说，这一界定就十分重要。你应该向自己的信托咨询师咨询一下有关自己辖区内信托保护人条款的应用情况。

理想情况下，从潜在信托保护人的角度出发，信托保护人的作用就是规避受托职责（fiduciary）。即便如此，很多信托保护人依然拥有很大的权力。在本章，我们将对这些权力进行点评。随着本信托指南的深入，特别是在第四部分，我们认为信托保护人的角色在更狭义、更具体的问题上是值得提倡的。

先从广义上讲，信托保护人的一些权限可能包括：

- 撤销或者任命多位受托人。
- 出于税务目的，对信托做小范围修改。
- 小范围修改受益人的利益。
- 小范围调整任命的权限。
- 更换约束信托的适用法律。
- 终止信托。

信托保护人不能从信托中获取收益。但是，倘若没有这条限制，而且信托保护人也没有做出任何"不守信"的行为,他/她/它的权限可能会巨大无比。

当然,如此大的权限会产生如下问题:"谁来守护守卫者?"这针对的是更深一层的问题。其结果是,有些信托明确规定,只有在特定情况下,信托保护人才需立刻参与进来。

举个例子,但细节部分放在第二十一章讲解,在家族系统内,信托保护人作为一名"长者",可能有种"判官"的身份。这种身份所要求的条件,有点类似以下情况:信托可能明确规定了受托人有绝对自由,确定分配给受益人的利益,以改善受益人的生活质量。通常,只有开明的受托人才能把握好这种自由的尺寸。受托人需要花时间去了解受益人,了解他/她的真实需求,了解资助、推动受益人成长和发展的最佳途径。随着受益人的成长和发展,他/她对自己真实需求的理解可能会与受托人产生分歧。这会在信托分配上引发摩擦。这种情况下,任何一方都可以要求信托保护人立刻参与进来,评判这个问题,并以调解人的身份,帮忙化解这场摩擦。这样的调解工作并不需要信托保护人去决断问题或者同意(或拒绝)收益分配。然而,作为家族长者的信托保护人,往往会听取双方观点,揣摩一下情况,然后提出几个方案供双方考虑。如果事情依然没有进展,然后,也只能是然后,这位信托保护人才能获得授权,采取直接的干预措施,比如撤销受托人,同时任命他人,接替他/她/它的受托人位子。

我们已经见识过很多信托保护人发挥过这类审判官的作用,而且都很成功。这样界定信托保护人的作用,其中一个好处就是,可以维持"受托人—受益人"主导关系的完整性:没有任何一方会考虑把信托保护人视为"幕后真正的掌权人"。信托保护人的主要职责就是调解双方关系,而不是做决断。然而,这个权力只有在收到双方中某一方的申请后才能使用。这个时候,如果在其他所有方面都未能打破僵局,信托保护人有自己的"强制措施"。

选 择

信托顾问或保护人的权限有时候很大、很重要。考虑到这点，选择个人还是公司来担任信托顾问或保护人就成了一个很严肃的问题。之前提到，信托创立人往往会找一些跟自己很像的人来做信托顾问或信托保护人——几乎就是"第二个自己"，监督机构或职业受托人以及各受益人。

这种做法很自然，但存在一些弊端。信托创立人选信托顾问或信托保护人，往往是因为这个人"看上去跟我很像"。然而，这种相似会很快被受托人和受益人识破。于是，信托顾问或信托保护人就被贴上"父亲的人"(或"母亲的人")的标签。对职业或者机构受托人而言，这样选出的信托顾问或信托保护人可能会引起信托投资策略上的摩擦。职业或机构受托人操作信托基金的投资思路，遵循着他们自己的专业判断，而不是(非专业)信托创立人或其代理人所希望的激进型或冒险型风格。选择一个"跟我很像"的信托顾问或信托保护人，可能会跟手握更大"判决权"的职业或机构受托人产生多年的摩擦冲突。

对受益人来讲，选择这种类型的信托顾问或信托保护人，自己可能会与父亲或母亲的"替身"产生数年的不合。信托顾问或信托保护人站在父母的立场上服务于受益人，可能意味着会把成年受益人永远当成孩子看。然而，无论是养育"信托基金婴儿"，还是把成年人视同"巨婴"，都不是更好的办法。

特别是在信托保护人的选择上，你很容易选择一个你认为能成为优秀受托人的人，但因为要承担受托责任，此人并不愿意当受托人，于是，信托保护人可能就会得到所有权力。这种情况常出现在受托律师身上，但他的律所或者医疗事故险的提供商不允许其担任个体受托人。然而，如上所述，这样的选择会造成实际受托人与"影子"受托人之间的激烈冲突。

考虑到上述原因，开明的信托创立人通常会抑制他们自己，不去任命跟自己很像的人或对自己俯首帖耳的人。反之，他们可能会将目光投向善于在受托人、受益人、信托创立人以及信托顾问或保护人构成的错综复杂的关系中游刃有余的个人或公司(他们还可能会要求成年受益人分享自己的想法,并面试可能成为信托保护人的人)。这种“圈子感”(systems sense)也许是选择优秀信托顾问或保护人的重要条件。此外,还要注意保持沟通交流,了解共享信息的需求,以便迈向共同目标,做出有效决策。

最后,有智慧的信托顾问或保护人,往往知道如何去维护他/她/它所拥有的最宝贵的财富:难得的高瞻远瞩。受托人平时受环境所迫,不仅要做好信托的日常管理,还要照顾到受益人的当下利益。然而,与受托人不同,信托顾问或保护人维护的是信托在一个家族未来十年甚至百年生活中所发挥的作用。这种长远眼光是任何信托系统圈中都非常了不起的一笔财富。再啰唆一句,在本书第四部分,我们还会继续探讨信托保护人以及科学地划分信托保护人职责如何在新型信托系统圈内发挥重要作用。

第三部分

建立重要关系

第九章　接受受托人任命前的几点思考

行文至此，你应该已经很清楚信托系统圈的含义，知道圈子里主要的人物角色。不过，与静止的陆地景观或肖像画不同，信托系统圈和参与人都是会动的。现在，我们就让他们动起来。本部分（即第三部分）各章节的重点，就是演练在信托系统圈内创建各种重要关系。我们希望你在阅读时，能够随时记住自己的身份，这样，你就能思考如何将这些练习应用于自己的信托系统圈。不过，在帮你开始练习前，我们先讲个小故事。

假设，你有一位朋友——叫她萨拉好了——打电话咨询你的意见。多年前，萨拉被另外一位女性朋友在遗嘱中任命为受托人。当征求萨拉的意见，是否能接受自己的指派时，这位朋友向她解释说，自己除了她这位朋友以外，没有其他后备人选。她自己没有孩子，而且侄女（外甥女）和侄子（外甥）跟她一直不太亲密。萨拉想为此迁就一下这位朋友，所以没多想就答应在朋友的信托文件中被任命为受托人。

上周，萨拉的朋友去世，享年 79 岁。现在处于争议中的遗产是一堆掺和在一起的资产，还有略显凌乱的资产记录，而且，她的侄女（外甥女）和侄子（外甥）们已经开始提出索求了。

我们站在萨拉的位置上考虑几件事情。这是她作为受托人第一次面临这么复杂的情况，而且还要投入大量的时间。现在，她心里很纠结：要么继续坚守朋友的遗愿，要么维持自己当下的生活。

萨拉有自己的全职工作，还要照顾自己的家庭。这样的生活已经够她忙的了。几年前做的一个不起眼的决定，如今却成了一件非常乏味的工作。实际上，现在她在考虑能不能推掉对自己的任命。

萨拉说，假如当年她像现在的自己一样非常了解真实的受托人状态，就可能会更认真地考虑之后再做决定。

她真是特别希望当年这位朋友的律师在制定信托文件时，能抽出时间跟她聊一聊其中的某些细节。

财产规划中通常会指定一些受托人，而且指定受托人可以提前很多年，换句话说，就是在没有"激烈情感冲突"的时候确定下来。然后，被指定的个人会按要求承担起受托人任务。另外，还有一个极为常见的情况是，制订财产规划的律师不会向同意成为受托人的个人解释受托人的日常工作。

你已收到出任受托人的请求

如果你现在处于萨拉的状态，或者可能不久之后会处在这个状态，你会如何考虑这个请求？是否答应呢？

你的第一反应，最好应该是像这样的："谢谢你的邀请。我会认真思考一下，请先给我点时间去考虑考虑。"另外，要一份信托文件的副本，回答以下几个问题：

- 谁创建了这份信托？
- 受益人都是谁？
- 我什么时候开始做受托人，立刻马上，某人去世时，还是其他时间？
- 是什么让你想到问我的呢？

找个安静的地方，深呼吸几下，然后跟着自己的直觉走。不过，在思考的时候，千万别想过头：

- 直觉告诉我什么呢？我焦虑吗，兴奋吗，害怕吗，开心吗？
- 我为什么想拒绝？

- 我为什么想答应？

后面我们再继续探讨这些问题。

现在做些功课

要有目的地、抱着一颗好奇心去阅读信托文件。同时，标注自己的评论和问题。令人惊讶的是，太多人平时没有做到这些。

注意：信托文件的很多内容采用的是标准措辞（关于避税、信托日常管理等方面的标准语言）。标准措辞一般是法律语言，比较乏味。但是，千万别跳过。我们在第五章“寻宝”游戏中讲过，你永远不知道有什么东西可能藏在里面。

在阅读时，你要记住以下几个问题：

- 你能看透这份信托的目的吗？
- 你的受托人角色何时启动？
- 还有另外一个受托人吗？
- 信托中是什么财产？
- 谁有权可以收取这份信托的分配？什么情况下做信托分配？
- 信托何时终止？终止后，信托资产如何处置？

现在也正是你该问些重要问题的时候。在第四章，我们探讨过叙事技巧的问题。你将来如果成为受托人，想给自己准备什么样的叙事技巧呢？你自己是受益人或者财富接受人吗？在家族财富问题上，你的叙事技巧是什么？你觉得这笔财富给自己带来的是积极影响，还是造成了生活能力失调？你觉得自己处理私人事情的能力如何？记录好自己的资产、负债、收入和支出，这些事，你乐意干吗？或者换句话讲，你认为这些日常的财务管理和经营，都是些真正的琐事吗？你为自己的孩子或者其他亲属，创立过信托或者做过重大馈赠吗？如果有，信托或馈赠做得好还是不好呢？诚恳地回答这些问题。这对以后心如明镜地建立信托关系而言至关重要。

如果你不熟悉信托系统圈

当你已经深入思考或者反思过上面的那些问题，如果还想继续深挖，你可以列一个名单，上面都是你认识的受托人（或早已成为受托人的人）和/或受益人。如果你连一个名字也想不起来，可以问一问你的朋友圈。规划好时间，至少要跟名单上的一些人交流一下。在面谈过程中，仔细聆听，认真记录。

要问受托人的问题，兴许包括：

- 你当时如何下定决心，接受任命的呢？
- 你做受托人的感受如何？遇到的最大困难是什么？最让你意外的是什么？最让你满意的是什么？
- 你有什么建议给我吗？

给受益人的问题包括：

- 你认为优秀的受托人是什么样的？
- 你和你的受托人之间，什么方面相处得确实不错？哪些地方可以允许做些改善？
- 你有什么建议给我吗？

当面谈结束，再问一问自己以下几个问题：

- 我的直觉告诉我什么？
- 我为什么会想拒绝？
- 我为什么想答应？

搞懂技术层面

假设你依然答应了请求，下一步，请信托创立人为你们二人安排个时间，一起与制定这份信托文件的律师聊一聊。一个小时应该够了。你的谈话目的，就是要站在高处，厘清信托文件的内容、受托人的法定职责、可能存在的责任、顾问团以及资产的规模和复杂程度。别忘带自己已经标注清楚的信托文件副本。

说几句关于责任的话：在讨论信托关系时，“责任”通常是核心话题，如果不是唯一话题，那也是考虑的核心问题。信托关系的含义就在于提供良好的信托服务，所以，连自己都保护不好，是一件很可悲的事情。因此，我们在此更关心的是信托关系中一些更大的、关于人性的问题，而不是关于“责任”方面的技术问题。

既然这样讲了，责任就的确是一个非常重要的问题。不对它进行深入思考就建立起信托关系，这样做过于草率。笼统地说，当信托单独让个体（不是慈善机构）受益，那么，产生责任的源头主要是那些个体、受益人所提出的索赔要求——受托人日常管理不善、投资监管不力或者分配不公，导致他们利益受损。我们不可能把这类主张的情况全部想到，但是，如果你考虑接受任命，做一名受托人，下面的问题可以帮你标出你有可能会遇到索赔要求的情况：

● 你认识这些受益人吗？或者对你来说，他们是陌生人吗？

● 信托创立人和这些受益人曾经有过亲密关系或者紧张关系吗？

● 这些家族成员彼此之间产生过摩擦吗？是否有过当摩擦出现，切断家族成员关系的情况？

● 该家族有过诉讼前科吗？特别是，以往的受托人有被起诉过的先例吗？

● 以后与你打交道的受益人有过多次婚姻吗？如果是，多个配偶之间的关系和睦或者紧张吗？

● 以后与你打交道的受益人是来自有多个家族支系的吗？

● 以后与你打交道的受益人是来自有多重代系的吗？

● 你是否知道在当期或未来受益人中，有人是或者早就是严重的瘾君子，或者存在行为不端的问题？

● 这份信托中存在要求具备专业管理才能的资产吗？

● 这份信托指示受托人在管理某些资产时，可采取任何非常规措施吗？（例如，尽管市场环境不利，但仍然持有某只特定股票。）

● 这份信托控制家族企业部分还是全部所有权？

上述问题中，没有一个（除了可能存在的诉讼前科）是大家都熟悉的“红旗危险警示”。不过，它们都有可能成为预警的“黄旗”，提醒你放慢一下脚步，在接受任命前多问几个问题。

与律师会见结束，并且自己也反思过这些有关责任的问题后，再问一问自己：

● 我的直觉告诉我什么？

● 我为什么会想拒绝？

● 我为什么想答应？

快结束了

下面一系列问题可以让你思考得更加深入：

1. 信托创立人选我做受托人，我知道为什么吗？更重要的是，信托创立人选我做受托人，其中的逻辑，我觉得合理吗？

2. 在我不缺乏经验的领域，我够谦虚吗？我有做好准备，主动通过读书和咨询他人，或者通过自觉地丰富经历来充实自己吗？

3. 我能接受监督受益人消费选择的职责吗？监督一位家族成员的资金状况可能会影响我和他之间的关系，我会这样认为吗？

4. 如果我与受益人产生了意见分歧，我知道该怎么做吗？我会咨询谁？我找到与平时一样能随性地向我提供建议的朋友/同事了吗？如果没有，其他与这份信托及受益人无关的人也行。

5. 我与受益人谈过新安排、各项目标和期望所带来的影响吗？

6. 我很期待成为这位家族成员的受托人吗？如果是，为什么？他将如何获益？

7. 做这份工作我有报酬吗？如果有，我觉得怎么样？我的报酬怎么算出来的？如果没有，这份工作又会通过其他什么方式让我受益？

8. 我认为责任风险到底有多大？我能接受与成为受托人挂钩的责任吗？

9. 我准备好长期做一名受托人了吗？如果我觉得辞去受托人的职务是对的，或者是有必要的，辞职的手续是怎样的？

最后一步

讲到这里，你可以问一问自己："为什么会有人想做受托人呢?"毕竟，大量的时间投入、繁杂的日常管理和潜在的责任，合在一起难道不就成了可怕的负担了吗？如果这就是受托人的全部内容，我们会赞成并建议你把这份工作交给职业人士。

在你做决定前，我们还有最后一个建议。先不用考虑那些日常的管理责任，而是发挥你的想象力。在《值得信任》一书中，读几篇催人奋进的故事，看你能否把自己想象成一个已经成为改变生活的信托人。这么做影响到你作为受托人时的"叙事技巧"了吗？

此时，你准备好做出决定

有些人受命担当受托人，是因为他们认为这份信托关系是有内涵的，通过它，可以服务自己的家族或者朋友。还有些人接受，是因为不想让家族或者朋友们失望。其他人拒绝了，是因为做受托人需要感情投入、时间投入，或者承担潜在责任，又或者担心成为受托人后，自己和他们的关系变坏。所以说，刚才问题的答案，没有对错之分。自己做好调查，随心而动便可。

补充一点：在第七章和第八章，我们探讨过你可能面临的有关筛选受托人或信托保护人的问题。本章的重点是，在接受成为受托人的任命前，你应该思考的几点问题。如果你最关心的是选人而不是接受任命，也可以用很多上面的问题来评估未来这一角色的候选人。如果一位受托候选人带着问题来找你，这是个好现象，说明他/她真的是在认真评估自己成为受托人的可能性。

注 释

1. 戈德斯通和怀斯曼:《值得信任:受益人和受托人看待信托的新视角》(Trustscape LLC,2012)。

第十章　写序文

我们很多人过了一定年龄后，如果被问起什么是“序文”，可能会回想起六年级的时光，于是给出一个例子——几个大字“我们合众国人民……”。

《美国宪法》序文仅仅阐明了制定《美国宪法》的根本目的。通俗地说，序文内容讲的是开国元勋们想通过该宪法达到什么目的：

我们合众国人民，

为建立更完善的联盟，

树立正义，

保障国内安宁，

提供共同防务，

促进公共福利，

并使我们自己和后代得享自由的幸福，

特为美利坚合众国制定本宪法。

假如在《美国宪法》开始部分，制定者们在第一条中就大谈参议院和众议院，大家可能会觉得很怪异。读者们会纳闷：“这什么意思啊？想让我们知道什么？理由呢？”

不过，制定信托文件的律师们经常会添加序文内容。信托文件的开头一般包括信托的名字、日期、期限，或者其他一些零碎的信息。了解这些内容是一件很有意思的事情，但读它的人，往往会揣测它的全部目的到底是什么。

当然，信托协议并不是《美国宪法》，但说起一个家族的原则和目的时，这条“添加序文”的原则还是适用的。

序文和目的

一个家族可能从零开始，正忙着做财产规划；或者，他们可能正活在几份老信托的“阴影”之下。无论哪种情况，把信托承载的各项目标给大家讲清楚，在长期会对与这份信托有关的人产生积极的影响。

不用多说，受托人是受信托协议条款制约的，但在实际生活中，他们承认“熟知信托创立人想要什么”往往在他们做决定时，发挥着巨大的指导作用。你根本没有必要死抠信托协议的字眼，以此推测或推断它的意图。

受托人和受益人一样都会告诉我们，了解信托的意图非常重要。一位受益人说过：“我就是想知道这份信托的意图，这样才能明白自己到底如何和为什么与这个信托产生了关系！”

信托协议的内容通常包含着信托创立人在他/她的人生中和整个家族发展过程中某个特殊时间点上的思想和情感。如果协议透露出信托创立人的恐惧和焦虑，则这些令人不安的因素极有可能会影响这个家族未来的好几代人。我们可能常常听到成年受益人发牢骚，“棺材里的人管得也太宽了”，或者受益人早就成年了，但受托人还像爹妈一样管着他们。

相比之下，如果协议里加上了经过认真揣摩的序文，则更有可能让后代人满足父辈和祖父辈的最大心愿——他们的后人可以有机会去追求既有意义又健康的生活了。

信托创立人写序文（或用另一种方式来表达自己的信托目的）还有一个很重要的好处：这可能会敦促以后的受托人时刻记住一个对自由分配信托至关重要的问题：“这样分配会提高受益人的生活质量吗？”如果信托协议正式的法律条款中没有涉及这个问题（也许以后也不会），有些受托人可能会说："那个，我现在太忙，没空考虑它。"然而，如果信托创立人加上一段序文，阐明他/她眼中的"生活质量提高"是什么样子的，或者，至少让受托人去思考一下这个问题，这样，将来的受托人虽然不会觉得被人要求去考虑这个问题，但他们更有可能感受到的是，自己被赋予了权力，甚至是勇气，可以去问这个问题，并且会认真对待。

为了让你的信托和财产规划具备更全面、更强烈的目的感，你需要采取更大的动作，而让你为自己的信托（一份或多份）撰写序文，只是其中一小部分。信托创立人在信托文件中或者文件外，还有其他一些表达信托目的的方式，其中就包括：

● 每份信托附上一篇"信托提要"（trust summary），提炼一下本信托的主要条款，并写一段阐明信托创立人意图的文字。

● 在信托文件中放置"文本框"（text boxes），总结每一部分要点，说明本信托包含上述条款的原因。

● 立一份"道德遗嘱"，阐明信托创立人的价值观、人生教训，或者致富史，同时还有赠与人对这份馈赠达成目标的希冀。

● 给后代留一封短"信"，描述一下全盛时期的自己，以此锁定想要传给后人的真正遗产。

● 录一段信托创立人的视频，让赠与人讲一讲自己的人生观、价值观和愿望。

上面这些信托目的的表达形式，没有一个可以取代信托背后的法律条款；用律师的话讲，其中充满了"恳求的语气"。它们体现的是信托创立人的愿望而不是命令。序文只是以上表达形式中的一种。我们支持你思考哪一种或哪几种表达形式会符合你的家族和信托文件。

"可我的信托在20年前就写好了"

理想状态下，每一份信托开头往往会有一小段话阐明信托创立人的意图，定好基调。我们与几位律师（其中就包括本书作者之一）很熟。多年来,他们在每一份信托的开头会写这样两句话:"这是一份爱的馈赠。它的存在,就是要提高受益人的生活质量。"

序文定基调又是怎么回事呢?难道会有人质疑信托创立人的意图吗?

本指南的读者中,有很多人有信托。有些人的信托可能多年前就写好了,而且开头几乎不会有序文。这一点不令人奇怪。能想起序文的律师,通常也是对此满腹狐疑。许多律师会这样跟客户讲:"我制定了30年的信托文件,每一份都是无可挑剔的。每一个字,法院会如何解释,我都清楚。凭什么我还要改?"

别让这种观点吓到你。做事谨慎和与人沟通,二者并非不可兼得。你的任务不仅仅是理解信托协议全文讲的是什么。真正关键的是,受此协议影响的人会如何解读这份信托?他们会如何避免误解和摩擦?又如何提高生活的康乐水平?

稍后我们将会看到,任何一位参与信托系统圈的人,不管在什么时段,都有机会写一篇序文。这些人包括信托创立人——即便他们很早之前就在自己的信托上签了字——还有受托人和受益人。这个机会可不要错过。

主题和计划

无论是何种格式,一篇序文通常需回答以下三个问题:

- 立言者是谁?
- 言于何人?
- 立言者想让人了解该信托或信托关系中的哪些内容?

如果序文写在信托文件中,很可能信托创立人想借此告知受益人一些事。例如:

> 我立这份信托,就是想让你、我的家族,有一个最好的机会,希望可以在我百年之后,兴旺发达。我不想留下的钱,破坏你所

追求的有意义的生活；相反，我更希望这钱和其他资产能帮到你。

前面讲过，有时候信托创立人并不直接在信托文件里表达自己的意图。比如，道德遗嘱或者附函（side letter）也可以让立言者有机会把自己的遗产信息传达给读者（或听众，或观众）。道德遗嘱的作者通常会在里面糅杂很多内容，包括家族史记、个人历程、核心的文化和宗教观念、爱的呈现、生活智慧、对子孙寄予的厚望，还有一些其他重要事项。

有时候，道德遗嘱的语气比较“中规中矩”。然而，它传达信息时体现出个人色彩尤为常见。

心愿信（letters of wishes）对受托人、受益人和顾问有一定的指导意义，但没有约束力。我们接触过几类：

● 向受益人解释信托创立人意图的信。这种信可能要写很多份，分别寄给信托创立人认识的每一位受益人；另外，还要为尚未出生的多代受益人留一封。

● 指导受托人的信。再说一下，信托创立人希望受托人采用何种方式处理他的任务，对这一点的了解虽不是强制的，但很有用。

● 当期受托人留给潜在受托人和受益人，用以记载和重燃信托精神的信。

我们在本书附录一提供了一份遗赠信函示例，供大家参阅，了解一下他人是如何表达自己宏大愿望的。

受托人和受益人写的序文

受托人和受益人通常在信托创立多年以后才参与到信托系统圈里。这时候，信托创立人可能早已不在人世，而有关信托创立人的意图，可能有记录，也可能没有。

但从根本上看，对上面的情况无须介意。受托人和受益人也可接受他人建议，写自己的序文表明他们两者之间将会如何共事，如何解读信托的各种用途、目的。他们的序文的特别之处在于,不仅是针对这份信托的,而且是针对**两者关系**的。即便让与人的意图很明确,但还是后退一步,用崭新的眼光看一遍。最重要的问题是,“这份信托对我们意味着什么?”

受托人和受益人写的序文能够发挥作用的另外一种情况是,当上述受益人成为年轻一代受益人的父母。这样的父母有时候被称为“过渡”受益人。让“过渡”受益人经常头痛的是,也许并不想让自己孩子的生活像自己的一样,受到这份信托同样的影响。受托人与受益人可以一起制定一篇序文,阐明将如何摆平这类小摩擦,从而推动“过渡”受益人和受托人想出一个稳健而公平的解决方式,消除受托人对“不偏不倚”的担心,以及父母在“什么对孩子最好”上的忧虑。当然,理想的情况是,信托创立人也许是在他/她自己的序文中,要求潜在受托人和受益人必须做后面这件事:一起写一篇序文,说明如何共事,将信托分配到第三代及以后的受益人。

我们特意将本部分内容控制得非常简短。关于受托人和受益人之间“达成共识”,需要一章的内容去讲解,大家可参阅第十二章。受托人和受益人对信托有着各自的理解,对二者一起共事也有各自的预期,而第十二章讲的,就是如何将两种情况保持统一。经过这样处理而得出的序文,便能适时地反映出受托人和受益人各自的观点。话已至此,我们的主要意思是,信托创立人不是唯一可以写序文的人。建议受托人和受益人也动手写一写。

回顾序文

序文不一定是“一锤定音”。人会变,环境也会变。现在有用的东西或许明天就没那么有用。所以,我们建议受托人和受益人定期读一遍他们写的序文,看一看哪些信息还有用,哪些可能已经过时了。

托马斯·杰斐逊(Thomas Jefferson)曾提出过一个著名的倡议:每过

19 年，人民就应该制定一套新宪法。[1] 新一代人到了一定年龄，即便能废除原有的信托协议，但我们并不建议你这么做。不过，我们建议，至少每隔 10 年，还有每当出现与现状不同的重大调整时，你得再读一读序文。这样的调整包括：

- 新增一位受托人或受益人。
- 离开一位受托人或受益人。
- 一项重大资产，如一项正在运营的业务，被卖出。
- 一位受益人步入了人生新阶段。
- 一位受托人或受益人的健康状况出现了重大变化。

动笔写序文

下面有些词汇（在写序文时，你也可以继续添加），或许能给你提供一两个灵感：

雄心（Ambition）

美丽（Beauty）

挑战（Challenge）

伙伴关系（Community）

同情（Compassion）

勇气（Courage）

好奇（Curiosity）

梦想（Dreams）

教育（Education）

信仰（Faith）

家族（Family）

自由（Freedom）

感恩（Gratitude）

诚实（Honesty）

希望(Hope)

谦逊(Humility)

幽默(Humor)

创新(Innovation)

开心(Joy)

正直(Integrity)

遗产(Legacy)

爱(Love)

机遇(Opportunity)

耐心(Patience)

个人成长(Personal growth)

毅力(Perseverance)

慈善(Philanthropy)

骄傲(Pride)

风险(Risk)

安全(Security)

服务(Service)

社会责任(Social responsibility)

精神世界(Spirituality)

宽容(Tolerance)

职业道德(Work ethic)

注　释

1. 参阅《1789 年 9 月 6 日,致詹姆斯·麦迪逊的一封信》:杰斐逊的原则是,“世界永远属于当下一代人”。

第十一章　受托人—受益人首次会见前的准备工作

受托人和受益人之间的关系，通常在两者第一次会见前就建立了。最常见的情况是，这种面谈的基调一般由受托人确定，特别是在受托人第一次和受益人见面的时候。

受托人和受益人的首次接触——无论是通过电话、书面沟通，还是在家族聚餐上——是开启一段关系的良好契机。往往两者之间的对话比较简短，无非各自做一下自我介绍，确定一个会面日程表。

假如你是受托人

初次接触后，紧接着再写一封邮件给受益人。在这个说明中，你也许想：

1. 再简短地自我介绍一遍。
2. 确认第一次会面的时间和地点。
3. 扼要说明你对这段关系的期待。
4. 阐明你计划在这次会见时想谈的内容。
5. 请受益人补充谈话议程。
6. 请受益人向受托人提出一系列问题。

下面是一个示例，看一看这封邮件可能会是什么样子的。

亲爱的________,

很期待5月14日,星期四上午10点的会见。请您准备好2个小时的会见时间。之后如您还有时间,很开心我们两人可以一起吃顿午饭。

提醒一下,我们的地址在缅因街500号1500室。地下停车场的入口在办公大楼的后面。我们为客户专门准备了车位,请您选一个地方停车。您可乘B号电梯直达15楼。

您一到,我的助理约翰·史密斯(John Smith)会过来接您。我们可以跟日常一样,喝喝咖啡,品品茶,喝点水,另外还有少量的上午小点心。您有什么喜欢的吗?有忌口吗?

您已故的祖父(外公)很明确地告诉我,给您的这份信托是为了帮您在生活上更进一步。所以,我希望,我们建立的这份关系可以实现他的愿望。

以下是我对整个会见的设想,同时,随时欢迎您增添会见的议程内容。增加议程内容之前,请您先想一下,会见期间哪些事情会让您产生以下想法:"这次会见效果非常好,收获远超我的预期。"

见面后,我们先花点时间熟悉一下彼此。我想先知道您眼中哪些东西很重要。我也很乐意回答您提出的关于我的问题。接着,我们大致了解一下您对祖父(外公)创立的所有信托所存在的问题和顾虑,之后,再专门了解祖父(外公)给您的信托。见面前,请抽空读一读给您的信托协议,这样会更方便我向您简要概括这份文件的内容。

然后,我们按需要,再花时间回答您的问题。我特别有兴趣想知道您的目标、愿望和最关心的事是什么。

作为受托人,我会对自己的角色作用和责任做个解释。同样,您作为受益人,我们也会对您的角色作用和责任做下探讨。接着,我们还会聊一聊信托保护人、投资顾问和分配委员会的责任,不过,这些内容不会在我们第一次见面时谈。

这么多年来，我发现，受益人提问时经常犹豫不决。有时候，他们会停一下，心里想："我自己可能知道答案了。"如果您也有这种感觉，我非常理解。同时，我支持您多提问，不管方式如何。如果我能回答，我一定竭尽全力；如果我回答不了，也一定努力帮您找到答案。

您肯定会思考关于从信托中收取资金的事情。按您需要，我们再花时间讨论您该如何提出申请，我又该如何分析您的请求。对整个过程，我会让您看得清清楚楚。

根据您对信托投资细节的要求程度，我们再详聊有关信托投资的事。至于我们提交的季度对账单是什么样子的，我会给您看的，而且会用一个对账单样本，带您过一遍。

等处理完您提出的其余问题，我们的谈话就到此结束了。

我还发现，在我们第一次见面一周后，再安排一次通话是一个不错的操作。毕竟，您有时间可以做个反思，然后通过电话沟通，我们再讨论您可能会遇到的问题。

请告知您对我这样安排的感受，以及（如果有的话）您希望在我们会见时想要讨论的内容。

非常期待开启与您的这段关系旅程。我们几周后见。

向您致以最真挚的问候。

假如你是受益人

受托人既可以是你第一次见面的人，也可以是你已经认识的人，甚至是你一直都认识的人。不管是哪种人，你作为受益人，做个（二次）自我介绍总归是一个好的举动。

一封好的介绍信会让你鹤立鸡群。几乎没有受益人会主动出击，为日后建立富有成效的伙伴关系打下坚实基础。但是，你必须得主动。主动会让你的受益人对你感到十分意外，而且能帮你取得开门红。一个优秀受托人对你的好奇，跟你对他/她的好奇是一样的。

你在写介绍信前，费点时间考虑一下自己对即将到来的会见有哪些期待。你想得到些什么？见面时，发生哪些事情会让你觉得这场会见很成功？你想哪些问题可以得到解答？

花时间仔细研究一下你的信托工具，同时，标出自己的问题和最关心的点。如果你还没试过第五章给出的“寻宝”练习，现在就是个好时机。

如果你对创建自己信托的人（即信托创立人）有种亲切感，那就先花些时间感受一下这些温暖。好好想一想，这份信托馈赠可能会实现哪些事情。也许，你试着给信托创立人写封“感谢信”，哪怕它不会被寄出去。在信里，你可以详细说明自己为何事感恩，原因是什么。[1]

如果你对信托创立人、受托人或者自己信托的其他各方都感觉不好，感谢一下他们，但不用在他们身上花太多时间思考。尽自己最大努力，暂时将负面情绪放一边。

多想一想自己信托的好处——一些开心或鼓舞人心的事——哪怕是看上去非常小的事。往往，一个积极的想法会引起诸多积极的想法。

现在，你准备好了，要写信或邮件给自己的受托人。我们建议，你可以参照以下几点来组织信的内容：

1. 用少量段落做个自我介绍。让受托人了解你现在生活得如何，什么对你很重要。介绍一下你的宏大愿望，如果觉得合适，还可以讲一讲你觉得自己的信托如何才能满足这些愿望。另外，只要你有真情实感，此刻还是你向这份信托表达感激之情的好时机。

2. 让你的受托人知道，在即将到来的会见中，你想聊些什么。回顾一下自己的目标和问题。实际上，你也会参与制定这场会见的议程。

3. 你打算——在这场首次会见中——从你的信托中申请资金吗？如果想，读一读第十四章。这一章详细讲了如何以一种可信的方式申请信托分配。能在会见之前了解你的申请，并拿到申请的支持文件，你的受托人将会非常感激。

4. 在信的结尾，要一下会见时的议程安排和其他信息，这能帮你好好准备这场会见。

下面是一封信函或邮件的示例。

亲爱的(受托人)，

很激动与您和(投资顾问)一起探讨有关×××家族信托的事情。考虑到我们见面时间有限，所以，特写此信，罗列了要讨论的话题，同时也欢迎二位加一些15日你们想讲的其他任何内容。

首先，我确认一下，在(投资顾问)来之前，我们两人差不多有一个小时的谈话时间，然后，三人再聊一个小时，对吗？

见面后，我想先谈一谈为了以后的职业、慈善和财务学习，目前都做了哪些日后可以帮我继续打理好家族遗产的工作。我也很乐意与两位分享能够继续做好这些工作的短期规划。

我会为今年住在旧金山的生活开支做好预算。然后，再告诉两位未来五年我的各项规划和目标，以及由此产生的财务方面的影响，其中就包括我要攻读的一个有关幼儿学习的博士项目所产生的学费和生活开支。

很欢迎两位发表自己的看法，谈一谈信托怎样用到这些中短期规划里，以及我在后续的投资对话中可能发挥的作用是什么。

另外，我想申请两份信托分配。第一份是用来补偿以前信托相关的各项开支，包括律师费和我已经开始接受的财务教育。第二份是用来资助下一年的生活开销。我已经在书面申请里附上了支持文件，比如各类收据和我的预算计划。您希望我提前通过电子邮件发过去，还是等到见面时，我亲自交给您？

最后，我想跟您聊一聊我们二人怎样才能走好以后的路；何时再相见，是面对面还是用 Skype。

也请您告知我，在(投资顾问)到之前，您想和我谈的额外话题。

当(投资顾问)到了之后,我想先谈一谈有关信托对账单的几个问题。然后,仔细研究我预计的财务需求发生的时间节点和金额,聊一聊您二位打算如何调整投资组合来满足我这些需求。

我也很开心能够与二位探讨你们想要讨论的内容,最终,一起商量我们三人未来最佳的合作方式。

还请二位知悉:在未来12个月内,除了支付我的生活开销外,我可能还会额外申请几份信托分配,用于信托相关的费用支出,例如,税收筹划、律师咨询费和信托教育费,以及重大的职业相关开支,像专业会议的会务费,还有旅行开支。我不确定这些费用一共是多少,所以,决定等着后期报销。

请告知我,您是否还有其他想谈的话题或者要让我带其他支持性材料。

真的很期待我们的会见。也感谢您不畏挑战,为多重受益人担负起多重信托的管理任务。想必我的祖父母(外祖父母)也会感激此事。

致以最诚挚的问候!

谚语云:"好的开始,胜事一半。"很多人认为,制定好信托协议,或者信托创立人签署完最终版信托文件,就代表着信托诞生。实际上,当受托人和受益人开始见面,一起决定如何解读信托协议中的法律术语,并将其转化成一股提高受益人生活质量的力量的时候,信托就开始了。本章中,我们给出了几项建议——有些是发人深思的,有些则是行动导向型的——以帮助两个角色"开启信托之旅"。

注 释

1. 如第七章所述,研究表明,很多(非所有)人如果肯花时间定期感恩,他们会获得大量持续回报。感恩的表达形式可以非常简单,例如,随手记录你生活中的"三件好事”,同时简单介绍在这些好事中,你以及其他人都发挥了哪些作用。给你想要感谢的人写感谢信,然后当面读给他们听,这属于一种更为复杂的表达形式。详见罗伯特·A. 埃蒙斯(Robert A. Emmons)的著作《感恩的作用》(San Francisco: Jossey-Bass,2013)和马丁·塞利格曼的著作《真实的幸福》(New York: Free Press,2002)。

第十二章　正性事件与支持性响应

我们前面已经讲过有关接受受托人角色、研究甚至书写介绍信托目的的序文、为受托人—受益人初次见面做好准备等方面的内容。现在似乎该把精力放到“会见设计”上了。不过，开始前，我们希望你考虑一下，如何才能在这次会见中让自己最好的想法有所收获。这正是本章目的所在。

为了让你准备好这么做，先别考虑信托、信托法律的事情，先想点心理学。在你考虑研究人员正在研究人类心理问题时，你会想到什么？你的答案很可能是这样的：他们在努力寻找减少或者消除精神疾病的更好办法。

换句话说，心理学的目的似乎就是提升我们克服各种生活困难的能力。这么想，你只对了一半。

另一组（直到最近，规模相对较小）心理学家则抛出了不同的问题。他们想知道：我们该如何**促进**精神**健康**，或他们经常说的**人类繁荣**？让这些心理学家更感兴趣的是，人类自身，无论是个体还是集体，该如何提高自己的繁荣能力。

过去 20 年，上述心理学问题所涉及的第二块内容，已经发展成心理学界的一个主流方向。有关它的实证研究及实际应用现在统一被称为“正面心理学”(positive psychology)。

用正面心理学理论中的几个概念来描述信托系统圈，应该说十分贴切。在本章,我们通过列举法,帮你——无论是受托人还是受益人——做好与对方见面的准备。

心态与任务要匹配

信托管理人A——你稍后会读到A的同行B——每天的工作都是这样开始的——读一读前一天她所管理的所有信托账户的所有动态报告:现金流入和流出、投资活动及类似的内容。她那双老练的眼睛没看出丝毫不妥。

今天上午晚些时候,她要跟某位受益人开一个季度见面会,而且主持人是她自己,所以紧接着,她要好好准备这场会了。她慢条斯理、认认真真地看过档案——很好,没有任何错误。

想到见面马上开始,她陷入沉思,提醒自己,在这一漫长的关系旅途中,自己的责任就是做事谨慎、强化约束。大笔资金意味着大麻烦。她的座右铭是:"安心胜于糟心"。

这场会见在受托人房间里进行。整个会见过程是友好的,其间还夹杂点评了信托的投资业绩。

当受益人提出,要从他的信托中申请一些分配时,A礼貌地回复说"不行的",然后便解释,这份信托的条款让她也很无奈。会见结束,A如释重负,整件事就是按照它所应该发展的方向进行的。一系列将来可能出现的麻烦事,一开始便被挡住、踢走了。

镇子另一边,信托管理人B开始自己的日常工作,与A类似——检查全部的日报,确保没出什么差错。在准备与受益人的会见时,她也仔仔细细地检查了档案,确保无误。

此时,她们两位的做法开始出现差异。B会花时间考虑受益人的问题,思考哪些事可以让此次会见富有成果。回顾其他时候的会见情形,她总能帮助受益人成长,直到成熟。假如她有座右铭,应该会是,"处事谨慎,但也要成些美事"。

当受益人提出信托分配申请时，B会说明自己在批准申请上存在困难。她还会问受益人："申请这个，你想做什么事呢?"受益人给出的答案也许有些迟疑，但听上去很诚恳。接着，她又问："这个申请为什么对你很重要?"

受益人被这些开放式问题惊住了，更让他惊讶的是，这些问题让他们来来回回、仔仔细细地探讨了近20分钟。为了帮受益人达成他的所有目标，两人头脑风暴，思考着各种其他的办法。除信托之外，他还有非常富裕的资产吗？对他的目标来说，是否还有另一种办法——一个可能让B批准申请的办法呢?

会见结束，受益人带着一份新的规划离开，B开心得要跳起来。

两位信托管理人的对比故事讲完了。在追求文件精准性上，两位信托管理人的行为如此相似，而在准备受益人会见的事情上，两位的行为又出现了明显的分歧。对此，我们现在该怎么解释呢?

理解预防定向型(prevention-focused)和促进定向型(promotion-focused)心态的含义，也许可以解答上面的问题。[1] 在促进定向型心态下，我们追求的是进步、成长和收获。

两种心态旗鼓相当、不分上下。每种都有自己的作用。

我们的故事中，两位信托管理人在审查报告、档案时，慧眼如炬，以免因一丝疏漏而造成损失。此时，他们表现出的都是预防定向型心态。A的这种心态一直持续到与受益人会见结束。B则相反，在仔细考量当天见面会时，心态便从预防定向型转到了促进定向型。

如果你是受托人，在阅读后文前，先考虑下面两个问题：

1. 每一类心态如何推动/阻碍你和受益人之间的工作关系?

2. 什么情况下，可能会用到每一类心态?

问题的关键在于，要清楚我们能否主动引导自己的心态。如果可以，怎么引导?

我们每个人都有一种默认心态，但实际上，通过一些方法，我们可以让心态转换，以调整至当下解决问题所需的心态。心态转换，我们一直在做！策划一场生日聚会的心态，与准备报税的心态，完全是两码事。

根据本书作者的经验，大部分受托人比较容易接受预防定向型心态。考虑到受托人很强调避免出错，所以，这种选择也符合逻辑。其实，本书没有任何内容会暗示受托人或其他人对待错误可以“睁只眼，闭只眼”。时刻保持清醒的认识是最高的职业水准。要在识破风险的同时察觉到机遇，这里有几条小诀窍——当周围环境有保障时——将心态转换成促进定向型。

首先，自问：“什么迹象表明，在这个情况下，促进定向型心态可能是最合适的？”

然后，按信托管理人 B 的做法去做。为了准备马上要来的见面会，认真思考一下你的所有期待和宏大愿望。反思一下，曾几何时，你或其他人帮助某个人成长和收获时的情形。接着，思考：本次会见要有所成果，促进定向型心态会发挥什么作用呢？对受益人和你有什么影响呢？还有其他正性因素吗？[2]

对正性事件要有支持性响应[3]

受益人和受托人见面开始时，有一个很好的暖场方式，就是各自讲一到两个发生在上次会见结束后的正性事件。这些事情可以和信托有关，但不是必需的。

在与另一个人讲一则事件的进展时，我们的快乐往往受到这个人反应的影响。如果你平常考虑过，其实这句话很有道理。

比方说，一个受益人因为太过高兴，向一位受托人脱口便说：“我从我的信托中收到的那笔用来出国读书的钱，你简直不敢相信帮了我多大忙！首先，就像我很早之前想的，这门课程正是我想读的，而且还超出了我的预期。对以后想继续学习哪些东西，我现在有几十种想法。学习的地方？真是太赞了。差不多每个周末我们都去山里徒步旅行。真是特别想把照片拿给你看。还有，你信吗？我现在认识了一群世界各地的新朋友，而且还保持着联系。我们已经打算重聚一次……"

好了，现在快速问受托人几个小问题。下面哪一种响应会加深与受益人的关系？

1. 哇喔！听着太棒了。为了成功选到这学期的海外课程，你的艰苦付出终于有回报了。还有，年轻人，你要好好把握这个机会啊！多给我讲讲……

2. 不错。

3. 嗯，不过，我在想这笔信托资金花得是不是合理。

4. 我们一起看一看上季度以来的信托对账单吧。

我们都认为第一种响应是最好的吧？这似乎太明显了。不过，令人惊讶的是，受托人经常陷入心理学上所说的"自动导航状态"，而且他们的响应听起来更接近其他三类的某一类。

下面是研究人员为受托人做出的每一类响应所给出的命名：

1. 积极且富有建设性的响应。表现为积极热情的支持，鼓励讲述者细化内容——开放式问题在这种情况下的效果不错。当我们要讲很多令人激动的事情时，想到的就是这种积极且富有建设性的响应。

2. 消极但富有建设性的响应。此时，受托人表现出一种平淡的支持。

3. 积极但富有破坏性的响应。对受益人做出这种响应，是一种非常侮辱人的行为。你能想象有人向你讲这样的话吗？

4. 消极且富有破坏性的响应。受托人直接无视受益人必须要讲的内容。

和你可能想的一样，只有积极且富有建设性的响应才可以建立起友善、信任和开放。但是，只有当这种响应出自真情实感才行。除非你真有那样的感受，否则，别把它说出来。

所以，你在准备会见的时候，提醒自己留心，在听到好事时该如何响应。这样做还算明智吧？

要发挥自己的长处

研究表明，发挥我们的长处，而不是强化我们的短处，可以收获更大的成功和生活满足感。[4] 识别出我们的长处是一件难事，因为整体来讲，很多人缺乏描述“长处”的词汇。所以，我们就找了几条提示。我们的长处常见于我们在做擅长的事的同时，还感到精力十分旺盛。另一个提示是，注意我们处于“心流”状态时，即过于沉浸于眼下所做的事情，时间似乎停止不动了；在这种情况下，至少有一项我们最强的优势会涉及其中。识别长处的另一个办法是，想一想自己小时候喜欢做的事情，或者，问一问自己：“什么时候我最活泼？”最后，你可能会用一种经过实证检验的评估方法来确认自己的长处。[5]

本书作者建议，受托人要注意如何发挥自己的长处、如何激发受益人的长处。下面是一项多方面的练习。

把自己的所有长处全都列在一起，然后问：

1. 以往与受益人见面时，我的哪些长处发挥了作用？哪些没发挥作用？

2. 后面的见面会中，假如要让一切进展顺利，我的长处该如何发挥呢？

3. 平时，我陷入误区了吗？错把受益人与他/她的“各种问题”混为一谈。我一直把这样的人视为“问题”受益人了吗？

4. 如果我把某人看成“问题”受益人，我能列出这个人的长处和美德吗？

5. 当我开始留意到这个人有那么多长处和美德时，我被惊讶到了吗？

6. 设想一下，该受益人没按我希望的方式做出改变。即便如此，要改善这种情况，我能做些什么？我该如何发挥自己的长处和美德呢？我该如何激励受益人发挥自己的长处呢？这样做对我和受益人会造成什么影响呢？

以上是“积极型”做法的几个案例。实际上，在现实生活中，我们鼓励作为读者的你们采纳——修改并完善——这些思路，然后充分利用你们自己的受托人—受益人环境。

注　释

1. 预防定向型心态和促进定向型心态是哥伦比亚大学动机科学研究中心主任海蒂·格兰特·霍尔沃森（Heidi Grant Halvorson）博士和 E. 托利·希金斯（E. Tory Higgins）博士的研究课题。详见二人合著的《定向》（*Focus*）（New York：Hudson Street Press，2013）。

2. 获批改编自哈特利·戈德斯通的著作——《双人记》（*A Tale of Two Trustees*）。该书内容首次发表于以下网站：http://wealthmanagement.com/estate-planning/tale-two-trustess。

3. 详见雪莉·L. 加布勒（Shelly L. Gable）等人发表的论文：“Will You Be There for Me When Things Go Right? Supportive Responses to Positive Event Disclosures”，*Journal of Personality and Social Psychology*，Vol. 91，No. 5（2006）：904－917。虽然他们的研究包含了关系极为亲密的人（情侣、父母、好友）之间的互动行为，但我们认为，这些研究可能也适用于受托人和受益人之间的互动。

4. 想要了解该研究的更多内容，请浏览 www.viacharacter.org/www/Research/Research-Findings#nav。

5. 本书作者特别喜欢的一份关于评估人们长处的报告是 VIA Survey。原文可在以下网站查找：www.viacharacter.org/www/The-Survey#nav。

第十三章　受托人—受益人会见

受托人和受益人之间的见面属于商务会见，所以，要按商务会见的规格对待。准备好会前确定的议程，规划充足的时间，确保议程顺畅推进。会见场所要能保护个人隐私，这意味着，在酒店见面不行。计划好平时的社交时间，以便跟踪谈完的业务。

第十二章的内容让人感觉惊讶吗？可能会。因为大部分内容与人们常见的受益人—受托人会见正好相反，受益人可能就带着一两个问题来见面。除此之外，这种见面中极有可能出现的情况是：在午饭时间点评信托的投资业绩，客客气气地闲聊，有力地握手，然后道别，再见就是下一个季度或者下一年。

会前的检查清单

受托人—受益人会见是非常严肃的商务会议，所以，必须得做好会前工作。不管你是受托人还是受益人，都要做好一些准备。

对受托人而言，会前检查清单可能包括以下内容：

1. 认真检查信托工具、往来信函、信托对账单及其他笔记资料。

2. 仔细阅读会见议程。本次会见的几项重要目的是什么？会见的结果看起来、听起来会是什么样的？

3. 认真评估你内心深处对该受益人、信托创立人的看法及本次会见的叙事技巧(想复习"叙事技巧"内容,可回顾第四章)。这些叙事技巧对你和该受益人而言好用吗?如果不好用,哪些事情可以让你的叙事技巧与本次会见的最高目的保持一致呢?

4. 如果该受益人提出了信托分配,认真检查分配申请。第一眼看上去,这个申请是提高该受益人生活质量的,还是补贴生活的?如果合适的话,我能问些什么问题让我与这位受益人聊得更为深入呢?

5. 可酌情反思的几个重大问题,包括:

◆ 该受益人是有自知之明的人吗?分得清勇气与霸凌、傲慢与谦虚之间的差别吗?

◆ 该受益人努力探求过他/她的使命是什么吗?如果有,现在他/她在努力完成这项使命吗?如果没有,为什么?

◆ 在努力完成他/她的使命中,或者在生活其他方面,该受益人可曾有过指导人?如果没有,这位受益人有能力找到一位吗?

◆ 这个人同情他/她自己和他人吗?感激他人吗?会表达喜悦和幽默吗?

◆ 面对扩大的社会圈子,该受益人积极参与了吗?

◆ 该受益人对未来可能的信托顾问有评估流程吗?

◆ 对这个家族,该受益人感受到并接受彼此之间的责任吗?他/她向家族下一代灌输过理财等其他知识吗?

◆ 如果这位受益人要求在这些领域有所成长,我作为受托人,做好协助受益人的准备了吗?

对受益人而言,会前的检查清单内容可能包含:

1. 认真检查信托工具、往来信函、信托对账单及其他笔记资料。

2. 在你给受托人的书面"问题总清单"上增加新问题。带着这份清单去见面。

3. 仔细阅读会见议程。你有什么要添加的吗?你觉得本次见面会有什么重大成果?这份议程会带来这些重大成果吗?

4. 如果你申请了(几项)信托分配,要仔细检查(全部)分配申请。这份申请如何能提高你的生活质量？能给你带来什么影响？

5. 认真评估你内心深处对该受托人、信托创立人的看法及本次会见的叙事技巧。在检查你的叙事技巧时，一定要谨慎。这些技巧来自何处？是为你所用的吗？

6. 认真评估自己的长处。为了提高本次会见成效，你打算如何发挥自己的长处？

7. 反思出现在第七章中关于受益人的几个重大问题。

如果这是首次会见

见面后的大概前45分钟将为你们之间的关系埋下伏笔。多年以来，无数母亲曾告诫过无数孩子：你留给他人第一印象的机会只有一次。理想情况下，会见之前，你们双方已经为准备此次会见，来往了多封介绍信件，就像第十一章里我们分析的那样。

会见时，做完介绍后，受托人的第一项任务便是暖场：简短地解释一下自己的角色作用，说几句关于自己之前经历的话，讲一讲自己的方式方法。对你们二人即将一同开启的这段关系，受托人还要解释一下它的性质。然后，暂停一下，留给受益人提问的时间。

接着，问一些委婉且有针对性的问题，帮助受托人和受益人揪出并理解受益人身上所存在的(错误)认识、焦虑、期望等。或许可以试着用类似下面的文字：

> 我根本不认识你的(外)祖父，也就是本信托的创立人。不过，我猜他可能希望你的信托在接受管理时可以提高你的生活质量，而不是单纯地补贴你的生活。所以，我想过一段时间可以很好地了解一下你。但首先，我很想知道，你现在在想些什么？这份信托哪里让你很困惑？你可否先告诉我，你感觉已掌握的笼统的信托知识？或者具体来讲，你对自己这份信托的认识？这样，我可以帮你澄清一些错误的认识。然后，我们再在你已经

掌握的知识的基础上继续沟通……

然后，可以通过提供可靠的知识信息，来弥补受益人在认识上的差距。记住一点：你可能很熟悉很多信托，但是，对新手受益人而言，信托可能就是一片陌生的领域。受益人也许是一位没有真正接触过信托，但又很称职的成年人。

设想一下，现在出现了一份貌似不清不楚的信托协议。在这份协议中，又加了一个勉强能让人理解的过程事件，牵扯到继承一笔看似“若即若离”的资金。把这些内容全部先包裹在情感的外衣之下。

然后，出现的情况可能是这样的：

● 丈夫去世才几天的遗孀，心烦意乱中却得知受已故丈夫税收规划的安排，她的所有财务资源都将被纳入信托中保管。这让她大为震惊。受托人的银行也因此成了她生活中的不速之客。

● 一位四十多岁的受益人说：“我这辈子一直靠各种信托开给我的支票生活，从没问过它们从哪里来，什么时候会停止。现在，我打算做自己的遗产规划，为我的孩子们考虑。但是，我不知道当初为我设立的那些信托会如何影响到他们。所以，现在我该成熟起来了，认认真真地去了解我的所有信托。”

● 一位三十多岁成功的职场女性，打算带着她的律师去和自己的受托人第一次见面。为什么带律师呢？她认为，这些受托人都是她祖父的延续。她说：“我祖父是个控制欲很强的人，而父亲在世时，也是个强势的人。这些受托人一直在为这个家族企业服务，所以，这让我感觉他们特别像。我希望我的律师在场，可以平衡一下气场。”

第三位受益人的律师顾问是这样描述他们的首次会见的：

> 一个小时中大部分时间我们讨论的是这份信托的条款。结果，那些被她（即受益人）理解成“霸王条款”的实际上是很有必要的，因为它们可以确保这份信托的完整性，以免她的债权人发起潜在威胁：假如她有过大的权力，这份信托可能会被人穿透。在我们谈论起她的各类假设、各种期望和畏惧的时候，她稍微变

> 得没那么沮丧了。她对这份信托的背景的认识在不断加深，同时也逐渐减少了对性格特点的依赖。随着对这份信托的深入理解，她变得精神焕发，再也不感到必须得有律师在场来弥补她的无力感。根据提示，她很感谢这份信托未来可能为她做的事。

只有当受益人没有了顾虑，受益人和受托人关系开始转暖，你才有机会继续讨论信托的细枝末节。

对初为受益人的人来说，我们有哪些建议呢？培养看得懂信托的能力，与其他任何一门学问一样，需要投入大量精力。只靠学习是不行的，还要不断提高自己的认知水平。你的选择范围远比你想的大。多花些时间去弄清楚这些选择吧。

议程举例

会见前：

1."我们希望今天能收获些什么？对我们来说，哪些事情必须得出现，才能确保本次会见有所成果呢？"这两个问题的答案不必是非常深奥的辞藻。有些时候，这样的会见估计就是一种业务性质的见面。也许，受益人会见前已经问过受托人，将过来拜访，核对一下未来一期收入分配的细节。尽管如此，问一问受益人是否还有其他的问题，仍属于一个很好的举动。

2."这份议程看着行吗？有要增删的地方吗？"

3. 上次见面后，受益人的生活发生了哪些重大改变？新生儿、有人死亡，结婚或离婚，或者换了一份新工作。如果有上述改变，那么带来了什么影响呢？

4. 如果在上次会见时，双方都同意了一些待办事项，现在这些事怎么样了？不管它们状态如何，从中可以学到什么？

年度审查：

1. 明年，受益人的期待、挑战和机遇是什么？无论是大格局，还是小细节，都不要放过。

2. 作为受托人，明年的期待、挑战和机遇是什么？

3. 研究一下两者的关系，哪个地方表现得比较好？哪些地方可以做些改进？

4. 在信托和受益人方面，对受托人所发挥的作用和承担的责任，受益人的评价如何？

5. 受托人对受益人发挥的作用和承担的责任，评价如何？

6. 如果有任何争执，所争何事？今天我们能解决吗？如果不行，我们之后要采取什么措施？

技术问题：

仔细审查信托对账单、纳税申报表及其他“可量化项目”。

与信托分配相关的讨论（想了解更多信托分配的内容，请参阅第十四章）：

1. 有新申请吗？

2. 之前的申请还有积压的吗？

3. 以后还有什么申请需要我们考虑的？

结尾问题：

1. 在结束会谈前，我们还要解决什么其他问题？

2. 共同确认后续的待办事项。

3. 最后几问：我们会见前所期待的事实现了吗？哪些地方谈得不错？我们从本次会见中学到了哪些对以后有用的东西？

“赞赏”练习

有时候，你与自己的受托人或受益人见面，反映出你们在这次见面上的投入特别大。共同认可的议案或许能体现出这一点。另外，彼此之间的关系还可以突然之间自发地达到一种新高度。这样的会见结果，对你们任何一位而言，都是弥足珍贵的。在见面后大概一周里，抽空再想一想以下这么多——或少量的——问题，数量你定。

或许，下次见面，你希望能用这些问题和自己的答案作为开场白。[1]

1. 想一次你和自己的受托人或受益人配合得很好、效果也非常好的会见。当时情形如何？见面如此成功，背后的主要原因是什么？哪些因素促成了那次会见？具体来讲，那次成功的会见中，你、你的伙伴、周边物理环境以及那次会见本身，都发挥了什么作用？你的角色如何释放出你的能量，又如何释放出你伙伴的能量？

2. 回想一下你和自己的受托人或受益人最近一次见面的情形。从投入程度上讲，你给那次见面打几分？分数按 1～5，5 分最高。发生了什么事，让你给出这么高的分数（即使你打了“低”分）？会见必须得是什么样子，才能让你多打 1 分？谁来做什么事能让它成为这样？影响又是什么？

3. 反思这些以及其他的会见经历，哪些核心素质和做法可以让你在与自己的受托人或受益人见面时，产生最好的效果？你认为，自己哪些做得不错，哪些可以继续保持或者需要继续努力？你认为，自己的伙伴哪些做得不错，哪些可以继续保持或者需要继续努力？

任务结束了。你是按自己的计划做的：很顺畅地跟着“业务”议案走；同时，随着你从一种又一种的关系中不断学习，你的关系网也在不断扩大。

现在，你可以去自己最喜欢的酒店享受一顿应得的午餐了。

注 释

1. 这些问题改编自一个非常简短的、有点类似“方案定向型”的心理治疗法和训练法。比如，可参阅伯格（Berg）与绍博（Szabo）合著的《持久解决方案的简明训练法》（W. W. Norton & Company，2005）。

第十四章　申请信托分配

上一章讲得很清楚，受托人和受益人平时会聊很多东西，包括信托的日常管理、信托投资、税收问题，还有受托人与受益人各自生活及安乐情况。不过，两人彼此重点关注的、最让人感到紧张的话题，可能就是信托分配，这也是信托的核心作用。在本章，我们分成几点来讲述受托人如何能在正确理解信托分配的情况下，处理好这个敏感话题，以及受益人又该如何做好准备，深思熟虑地提出申请。一开始，我们先讲一个小故事。

此时，你电话响了，苏珊——一位你已经打过多年交道的中年受益人——打来的。苏珊一直靠自己的信托收入生活着。跟你讲话的时候，能感受到她心理压力极大：

> 我刚收到一封美国国税局的信，说我欠国税局很多税！我认为自己忘了申报。但更糟的是，我手上的钱不够还欠下的税款。我现在要疯了，特别担心，已经好几天没睡着了。我这份信托可以还欠国税局的税款吗？

苏珊每个季度都会收到信托派发的收入。这笔钱全部用于她的日常开支，基本留不下什么。苏珊只有在涉及健康开支的时候，才有可能会用到信托本金（标的）。最近的健康支出就包括几次常规检查和心理医生服务费。

你——作为受托人——会批准苏珊用于支付税款的资金申请吗？

答案貌似已经有了。只有在受益人发生健康相关开支时，才能得到允许，动用信托的本金。然而，苏珊这份申请是用来清理税务问题的。所以，你会礼貌地拒绝，同时向她解释，她这份信托的条款让你也很无奈。

你真要这么做吗？

我们再补充些材料。经过这么多年，你已经很了解苏珊。你知道，她以前嗜酒如命，但五年前就戒掉了，现在正接受康复治疗，定期参加“无名酒鬼”的见面会。今天上午，因为告诉你的国税局的事情，她又开始喝酒了。

这会改变你的想法吗？

这是一个真实的故事，经常被我们用在为受托人设计的决策练习中。长期以来，参与练习的受托人在听完苏珊的第一段资料后，都拒绝了她的申请。但听完补充的材料后，有些受托人摇摆不定。

现在，我们来听一听苏珊的实际信托管理人的高见[1]：

> 我特别喜欢苏珊。我觉得，她这个人一辈子都在努力，想让自己的生活改善。
>
> 我考虑过这件事。也许我们可以这么理解：如果她不能把税补上，会让她生病。也许，我们还可以这样想：补缴的这笔税款可以算作一种医疗开支。
>
> “我跟你的心理医生聊一聊，可以吧？”然后，我告诉了她原因。
>
> “行，你可以这么做。”
>
> 我给这位心理医生打了电话。医生说，苏珊唯一的心病，就是欠国税局的这笔税。她迈不过这个坎，可能还会造成她难以保持清醒状态。情况很糟。
>
> “你能给我写封信，证明苏珊的税务状况正在恶化她的健康状况吗？”医生很乐意地答应了。
>
> 依据这封证明信，再加上我对苏珊所承受痛苦的理解，我同意帮她付清所欠税款。我们还制定了一套制度，从苏珊的信托收入中留出一部分资金，用来支付未来的税款，这样，她就不会

遇上欠税问题了。

这种处理方法很有效，因为我认识苏珊，而且我想过，“当初，苏珊的妈妈为什么要求这份信托只能用来支付医疗开支呢？”我的结论是，她担心假如苏珊在钱上有了话语权，可能会把钱喝光，或者浪费在其他地方。我认为，她并不希望苏珊因为不能缴纳税款而大病一场。

所以，给苏珊钱去缴税，是个正确的决定。

“这么做可以，因为我了解苏珊……”

什么时候开始分析受益人的资金申请呢？大部分受托人的一般回答是：“受益人提交资金申请时就可以开始分析了。”这种观点很常见，也符合逻辑，但也容易引起很大的反应。这是造成信托无法发挥其分配功能的原因之一：没有人——信托创立人、受托人、信托顾问或保护人——会在收到申请前考虑分配的事情。甚至，即便收到了申请，他们仍不想理会。

我们的意思是，如果分析不会引起太大反应，那产生的效果最好。受托人与受益人一开始建立关系时，如果有意要为信托分配分析打好基础，可以想象一下这会对他们产生什么影响。经过一段时间，受托人将了解受益人。多次见面、时常通话、在解决与信托有关或无关问题上花些时间，都会促成彼此间的信任。反过来，这种信任又会帮助受托人和受益人预见后面的分配申请。受托人能理解受益人提出申请的背景，并在申请提出的时候站在更好的角度上，做出一个不错的决定。

这位信托管理人了解苏珊，也很清楚她妈妈心里想要什么。所以，听到苏珊的申请时，他一方面挑明了这份信托以后是用来提高她生活质量的；另一方面通过务实精神，缓和了这样的表述。

诚然，苏珊左右为难的情况并不常见；而且，并不是每一位读此指南的人都会按照这位信托管理人的方式处理申请。不过，本章以及本指南的大部分内容就是要帮助大家拓展视野、扩大选择范围。

现在,我们处理一个受益人和受托人经常遇到的普通情形——受益人申请下一年生活开支的费用。

受托人和受益人按惯例每年要完成约定的工作。受益人通常要提交一份预算,受托人则审核该预算中费用支出的合理性。双方进行一些磋商,然后通过预算审核。

但是,万一在这个过程中出现了小插曲呢?

比如,受托人问一个二十几岁、申请生活费的受益人:“假如你用信托支付每天的各种费用,那是要牺牲自己生活中非常重要的独立性吗?”这个问题很容易引起双方展开有关“自我价值”和“依赖性”的对话。

或者,受托人在跟一位今后多年要打交道的受益人讨论生活开支问题时,问道:“假如要通过信托来维持某种生活方式,你打算牺牲些什么?”这可能会引起这么一个话题:为了有更多资金投入受益人特别喜欢的慈善事业中,受益人需要回到自己原有的生活方式。

无论是受益人的申请,还是申请的最终结果,在结束这些对话后,会发生改变吗?很难说。但不管是哪种情况,一番有关“提高受益人生活质量”的真实含义的发人深思的对话都极有可能出现。

申请过程

信托分配有两种类型。第一种是法定分配(mandatory distribution)。从字面上可知,受托人必须提供法定分配。常见的法定分配包括必须分配给受益人的年度净收入,或者将信托的本金分配给一定年龄的受益人(例如,在受益人 35 岁时,分配三分之一;在 45 岁时,再分配三分之一;剩下的三分之一,等受益人 55 岁时分配)。

第二种分配属于自由分配(discretionary distribution)。还是从字面上可知,在这种分配中,受托人是有自由裁量权的:受托人**可以**提供(但不是必须提供)分配。有时候,信托文件会列明几项标准,来引导受托人发挥自己的自由裁量权。最常见的几种标准就是“健康、教育、生活费和资助”(health, education, maintenance and support),简称“HEMS”,而且被大家视为(出于特定的税务原因)“可确定的标准”。这短短几个字的特定含义都是基于信托法过往的案例。某些情况中,例如,在上面苏珊的信托中,它的标准就很严苛:只能为了受益人的健康。而在其他情况中,标准会变得非常宽松:受益人的“康乐”或者“舒适”。

在面对前配偶或其他债权人的诉讼时,最近几年,信托中越来越普遍的做法是,不再包含法定分配条款,也不再制定标准去引导受托人的自由裁量权。这样,起诉受益人的人便无法向法院申辩受托人因为某种目的必须或者可以分配信托资金。如果受托人真有这样的自由,无需标准的指导,那么受托人可谓是拥有了“绝对的自由裁量权”,而且这份信托便成了“绝对自由裁量”的信托。

后面的内容中,我们将会把重点放在自由分配上,因为自由分配涉及判断和选择问题。每一位考虑自由分配申请的受托人都应该制定一种有结构化特点的流程,让受益人依此提出申请。我们建议的流程框架如下:

1. 书面申请。书面申请需讲明以下内容:

(1)申请目的。

(2)申请金额。

(3)信托中允许受托人批准该申请的条款。

(4)分配时机。

(5)如有与此申请有关的额外申请,提供这些申请的金额和时间。

(6)受益人预期在明年提出其他申请的金额和时间。

2. 酌情提供以下支持文件:

(1)费用清单。

(2)收据。

(3)预算(如列出几大开支项目,预计每年每项的开支额度)。

(4)商业计划(细节方面可大可小,具体视受益人经历和申请额度的情况而定)。

(5)显示外部资源的资产负债表。

(6)受托人要求的其他支持文件。

3. 合适的情况下,写一篇文章,阐述批准这份申请将会如何提高受益人的生活质量。

4. 除非遇到紧急情况,受益人需根据预先确定好的时间表提交申请(例如,每季度可多次提出小额申请,每年可申请几次重大分配)。

在"现实生活"中,受托人可能不会针对每一份申请都要求受益人提交所有信息;否则,很可能会让受益人感到厌烦。不过,更有可能出现的情况是,受托人和受益人通过他们之间的互动(无论是面对面还是电话)以及从受托人自己的档案中,一起收集这些信息。做这一步的目的,并不是催着受益人去查数据,或者给分配设置障碍。相反,它的目的是时刻提醒大家,这么多问题可以帮助受益人尽量提出最成熟的申请。

分析申请

根据本书作者的经验,受托人在与受益人开始讨论申请问题时所做出的决策是最好的。双方可能在受益人正式提交书面申请之前或之后进行一次对话。再强调一遍,这类谈话中的很多内容或许可以用到正式申请里。

下面列举几个对话开场白:

● 是什么让你提出了这份申请? 背后还有更大的目的吗?

● 这份申请是怎样与信托创立人的意愿保持一致的呢?

● 这份申请是怎样与信托工具中的约定保持一致的呢?

● 除了从信托中申请资金外,你还有其他更合适的方法实现自己的目标吗?

● 除了通过信托资金帮助实现你的目的外,你打算动用自己的资金"共担风险"吗?

● 如果你的申请通过了,可能出现的最好结果是什么? 通过了申请,短期内会有什么影响？长期呢？

● 如果你的申请被拒了，短期内会有什么影响？长期又有什么影响？随之而来的可能的最好结果是什么？为了实现你的目标，其他可供选择的路有哪些？

结束对话并审核完正式申请资料后，自问："分配（或不分配）信托有可能（或没有可能）提高受益人生活质量吗？"在第十章，我们讨论序文时提到过，信托文件本身不大可能会触及这类问题。有些受托人在得到信托文件的授权之前，碰巧"撞上"他们决策过程中的这个核心问题时，可能感觉比较尴尬。因为这有点像"重写"这份信托。不过，如果你读到了这里，或许你会认为不管上面这个问题是否出现在信托文件里，它都是忠诚可信、富有洞察力等优秀品质的核心，而这些品质往往潜藏在受托人处事谨慎的作风中。问这个问题，目的并不是要重写已有的信托，而是要提高我们的评估深度，深入思考信托分配带来的后果以及各种可能后果的真实度。

如果你思考过生活质量提高所体现出的人文问题，那现在可以回到信托问题上，问自己："根据信托条款，批准受益人的申请会是一种理性的自由裁量吗？"

如果上述问题的答案都倾向于批准申请，下面还有几个问题需要考虑：

● 与信托额度相比，本次申请额有多大？这份申请会忽视谨慎，或超出所批，用光这份信托的额度吗？

● 过去几年，受益人的申请记录如何？批准/拒绝本次申请与前几次的决定一致吗？

● 本次申请是一次性的，还是后续更大计划中的一部分？如果它是一部分，预计其他的申请会是多少？这次申请对信托资产带来的整体影响是什么？

● 来年，预计受益人还会提出其他申请吗？后年呢？这次申请对以后必须要做的决策可能会造成什么影响？

● 如果同意了申请，对其他受益人有什么影响？

● 是否要求受托人考虑受益人在信托之外的资源？如果是，是否要求考虑受益人的收入、开支和资产状况？

● 受益人最好从信托中贷款，而不是从信托中申请分配，情况（信托文件允许的情况）是这样吗？举个例子，有时候受托人并不是以信托分配的形式，而是通过贷款为受益人支付购房费用，并像传统的按揭贷款一样，要求受益人偿还。将受益人的费用支出分成"部分来自贷款，部分来自信托分配"的结构，也是很合理的。这样一来，受益人就要"承担一些共同风险"。

现在，受托人准备做出决定了。一旦做出，须告知受益人决定内容，以及背后的逻辑原因。要做到透明，回复受益人提出的问题，打消受益人的顾虑。倘若这份申请已被拒绝，受益人很失落，受托人要主动提出，会花时间用头脑风暴的方式，想出达成受益人目标的其他办法。

最后一步，就是将得出这个决定的过程和分析书面记录下来。这样做，对分析后续申请将会提供很大的帮助，而且对潜在受托人而言，也是一笔极为珍贵的财富。假如，不管是为了"迎合家族的意见"，还是在法庭上，上述决定受到了质疑，那些记录的过程和分析将成为非常重要的证明。

"提高"的含义

很多信托在制定时，受益人还很小，甚至可能尚未出生。所以，信托需要避免的"噩梦"般情形也许是这样的：

> 一位马上要21岁的小伙子，在很小的时候，父母惨死于一场车祸，成了孤儿。他成长中的很多费用开支都靠信托的巨额寿险收入解决。眼看到21岁，这份信托即将终止，而他会收到一笔巨款。信托即将终止能让他看到一个明确、真实的未来吗？在这个例子中，不会的。因为他正巧是一个不成熟的年轻人，没

有盘算过自己收到信托收入后的生活。他很想拿这份信托赌一次，于是，通过钻营，他提前实现信托分配来维持自己的“朋友圈”。21岁生日过后，不到一年，这笔钱就花光了，那些朋友也随之离去。

或者，换个正面案例：

一位刚毕业的大学生想申请信托分配来帮她制订出第一份商业计划，而与受托人的对话，会谈到这份信托该如何支持自己的梦想，要拿到资金，对她又有什么要求。做足功课后，她发现自己的想法不成熟。于是，她放弃了之前的想法，重新做了考虑。

然而，现在一个非常常见的情况是，出生在“婴儿潮”时期，现今60多岁的人，他们80多岁的父母越来越精神。所以，对那些受益人来说，单纯地把孩子或者即将成年的人视为受益人，可能会感到有些不妥。举个例子，陪伴自己30年的老伴没被列在继承名单上，合理吗？或者，受益人想寻点资金来资助自己特别喜欢的一个慈善项目，但是信托里却没有允许条款，合理吗？

我们的看法是，受托人在执行分配任务时，应时刻记住：“提高”的程度，要依据实际情况和周围环境，其中就包括受益人的人生阶段。这可能是一个看上去非常浅显的道理，然而，当面对本书作者时，一位40多岁的女士却这样说：

“不管从哪方面讲，我的人生都是成功的。作为一名常春藤联盟大学的终身教授，我先生出色，孩子们也很厉害，而且，我还在几个非营利董事会里任职，现在掌管着自己家族的基金会。我唯一被当成孩子对待的时候，就是拜访我的受托人的时候。对此，我一直忍着，然而，让我忧心的是，孩子们以后也得经历我现在的遭遇。”

回想一下本章开始时讲的苏珊的情况。受托人是因为苏珊是一个中年人，而非初出茅庐的年轻人，才表现出更像她的“伙伴”，而不是“父母”吗？我们以这个故事为蓝本，和一群受托人做练习时发现，我们给苏珊所定义的年龄段好像的确对受托人有影响。

在《信任》这本书里，我们举了很多有关受益人生活质量提高的案例。例如，在"我们都感觉像教父"这一章，受托人经过深思熟虑后，决定发放资金，用于受益人的体外受精，因为信托约定，分配只能用于医疗开支。在"有人确实需要一架直升机吗?"这一章，一个表面看上去会被斩钉截铁地拒绝的申请，最后却让一位经常到世界上偏远、危险地区出差的公司执行官得到了肯定的答复。在"同胞情"这一章，受托人主动提出将逐渐年迈的兄弟姐妹送到赡养机构。

注　释

1. 摘自《信任》中"税收可致人病"一章(Trustscape LLC，许可复印)。

第十五章　与"瘾"同行

前面几章，我们的重点是构建各类重大关系，尤其是受托人和受益人之间的关系。构建这份关系，不仅需要"内功"，还需要"外功"，即在受托人和受益人的会见问题上，既要做好准备工作，把会开好，还要富有成效地讨论一下分配问题。做这样的"功课"会遇到几乎所有受益人—受托人关系类型，而且差不多适用于各种结构和规模的信托系统圈。

在后续三章中，我们重点讲的是源于这些关系内部，或者影响这些关系的几个更为具体的问题，特别是系统圈里的瘾癖、婚姻以及过渡问题。这些话题不会成为受托人和受益人每次交流时的主题内容。不过，它们总会在这样或那样的时刻，在几乎每一个信托系统圈里发挥着作用，而且是巨大的作用。

帮一位家族成员克服瘾癖是一项极其困难的任务。一旦这个人有机会接触到信托中的资金——这些钱可能加剧此人的上瘾症状，甚至超过了爱他/她之人的担忧和反对——情况就变得更难处理。

考虑到瘾癖治疗是一项专业性很强的工作，而且与信托有所交集，所以，我们决定把对比尔·梅辛杰的采访作为本章的主要内容。比尔来自一个富裕家族，而且是一位家族专业顾问，有着十几年处理瘾癖问题的经验。除了从事律师工作外，比尔还是一位具备执业许可证的酒精与药物顾问。他最关心的是帮助客户找出并落实成功的戒瘾策略，从而防止客户的家族内部、家族企业和受益人中出现酗酒和药物滥用的情况。在他的个人网站上(www.billmissinger.com),有兴趣的读者可以找到比尔处理信托里瘾癖问题的更多方法。

家族信托:“比尔,你和各个家族和受托人打交道这么多年,说到瘾癖管理,你认为他们常遇到的几个重大误区有哪些?”

比尔:“首先最重要的一个问题,就是大部分人处理瘾癖症时所采用的治疗模式。他们允许有酒瘾或者患瘾癖症的人自己选择治疗计划并管理自己的康复计划。虽说这样做是出于好心,但结果却往往是失败的治疗,旧瘾复发。而且,提起信托,其中的约定以及其他制约性文件,在处理瘾癖问题上,往往无能为力,即便受托人拥有很大的自由权限。其最终结果就是,那些为家族提供咨询建议的受托人和专家,通常缺乏对瘾癖问题的培训和理解。”

家族信托:“听起来,根本问题在于缺乏对有效治疗方法的认识。那么,什么治疗方法才奏效呢?”

比尔:“关键在于利用‘杠杆’来促使那些有瘾癖的人遵守治疗计划。这个办法来自治疗飞行员和内科医生瘾癖症时的成功案例。给你讲一个小故事吧。我在信托里以及在治疗有瘾癖问题的家族时,提出利用‘杠杆效应’的概念,是从1998年在《哈塞登之声》上看到一个头条新闻——‘飞行员成功康复的数量激增’时开始的。哈塞登康复计划的结果是,92%的飞行员在整整2年之内完全没有沾染瘾癖。于是,我做了一些深入调查,发现医生群体的瘾癖康复率也非常高——5年内康复率几乎高达80%。所以,这个结果表明,瘾癖症是内科医生与其他人群接受不同治疗手段的唯一医学领域。从那以后,我清楚地认识到,将飞行员—内科医生的治疗模式用于信托和其他制约性文件中,是当前防止物质使用障碍问题(substance use disorder)的最有效办法。”

家族信托:“大家听说过明星或者高调的富有家族因为染瘾而闹

得沸沸扬扬的事。这种吓人的事，成‘惯例’了吗？你能稍微讲一讲富有家族所面临的瘾癖问题吗？”

比尔：“酗酒、药物依赖、其他瘾癖症以及严重的心理障碍，从统计学上讲，会出现在富裕家族中，而且概率预计至少为20%——通常还会更高一些。这些不正常的行为会动摇完善的家族使命宗旨和继承计划，导致家族财富流失、凝聚力下降。瘾癖患者或酗酒的人往往都身患某种疾病。例如，他们患有慢性且会危及生命的疾病，需要受过专业教育并且为人主动积极的家族成员来帮他们找到一条有效的治疗办法，鼓励他们参加后期治疗的康复活动。”

家族信托：“为什么你要强调‘杠杆’的概念？”

比尔：“因为没了‘杠杆’，治疗就不会有任何变化。医生患瘾时，州医学委员会会拿他/她的执照说事：要么按计划接受治疗，要么你就别干这行！平时讨论一些极其成功的康复计划、制度转型、合适而又让人感到受尊重的临床治疗等话题，可以改善治疗的结果。这样做还是不错的。然而，首先，家族成员必须要解决一个非常基本的问题：我们如何才能让瘾癖患者接受治疗，并在结束疗程后保持一个积极的心态？倘若不使用‘杠杆’，大多数患者因为有钱或者其他资源可以减轻自己瘾癖恶习所带来的后果，所以，在结束治疗后，还会酗酒、吸毒，或者重染旧瘾。很可惜，我认识的身处这类情形中的患者，只有被关起来或者死了，才不再犯病。”

家族信托：“‘杠杆’指的是要把某人隔离开吗？”

比尔：“它可以指在执业顾问的示意下，不让这些人接触到除用于接受治疗和生活费以外的所有资金。切断一个人的生活费或者联系方式从来不是‘杠杆’的应有之义。虽然和一位瘾癖患者保持联系可能很痛苦，但对于一个家族来说，这却是一件非常重要的事情。”

家族信托：“有些家族面对瘾癖症问题时，会担心他们的信托是否安全。处理这类问题，你对他们有什么建议吗？”

比尔：“第一，我认为‘别干等’：在一个人患上重度瘾癖症之前，没必要就这么等着，无所事事。第二，我认为有一件事的确非常重要：把与瘾癖症相关的具体条款纳入规划类文件中，或者调整信托，把这些内容加进去。第三，家族群体应该聘请专家评估有问题的家族成员，给出客观的意见。第四，利用受益人申请资金的机会，去了解瘾癖问题，评估受益人，并着手提出专家推荐的计划。第五，当心家庭舆论的‘私人法庭’，以及真正的法庭。解决瘾癖症或潜在瘾癖症问题不能图快，并不是重金聘请一位合适的律师就能立刻解决问题。整个过程中，最终会有很多家族成员，还有外部专家被卷进来。不过，如果一直把解决问题当作一个疗程来对待，这样做还真能起到作用。”

家族信托：“你很强调专家的作用。但是，家族群体通常不太愿意请外面的人，甚至是专家，尤其是涉及像瘾癖症这类很敏感的问题时。所以，对他们，你有什么要说的吗？”

比尔：“首先，我会提醒家族成员，瘾癖症是一种慢性疾病，算不上一种个人失败。想有效根治这个病，需从医学角度去看待它。另外，瘾癖症不是说治上 28 天就能治好的。我的经验是，这种病可能需要 2～5 年才能康复。但是，大部分律师、受托人和家族成员并没有这么多时间或者相应技能来帮助患瘾癖症的某位家族成员度过这段治疗期。治这种病，必须得有受过训练且令人尊敬的专业人士帮助才行。”

家族信托：“通过妥善发挥信托的作用来治疗瘾癖症，大概会是什么样子呢？”

比尔：“这个治疗方法可分成两种思路。第一种就是利用‘杠杆’工具。不过，在这种思路中，有一点很重要，就是要有一个很清晰的‘杠杆’工具，即在像信托一样具有约束力的文件中列明各种期望。

至于内容，可以是这样，比如，要求（受益人）接受一些具体的测试，参加治疗活动（具体内容示例，详见附录二）。要把这类约定加到信托文件里，那就得删除或修改这些信托的内容。另外，模糊的‘杠杆’工具也非常重要。这里所说的‘模糊’，有点类似从（与受益人的）私人谈话和（受益人）流露出的顾虑中，以及从（受益人）对改变现状的诉求中得出的‘柔性’杠杆工具。第二种就是康复管理计划。说到这里，康复管理需要一位专家级病例管理人参与，这很重要。管理人的作用，就是确定治疗方案，为家族和患病家族成员提供清晰的治疗方向和期望。整个过程中，所有涉及人员都必须保持清晰的沟通。通过这个康复过程，患瘾癖的家族成员可能还会和其他家族成员签署一份合同，就像患瘾癖的医生跟他们所在的医学委员会签署的合同。像这种全员沟通以及对各种期望的清晰描述，还有专家级病例管理人的参与，都可以帮助受托人和其他家族成员减轻压力。”

家族信托：“你有可以推荐给家族使用的‘清晰的’杠杆工具吗？这种杠杆足以让受托人在做分配时发挥绝对自由权吗？”

比尔：“我认为，受托人靠自由分配权是不够的。因为在现实情况中，大部分受托人没有时间或者技能去辨别受益人身上的瘾癖问题，所以，他们往往可能在不知不觉中批准很多‘对人造成伤害的’申请。另外，（受托人）单纯地拒绝（受益人的）申请，其实是不够的，特别是在面对一位特别坚持的受益人（可能会合法持有武器）时。所以，我才推荐说，要约定具体的条款去支持‘杠杆’工具的应用。举个例子，在受益人表现出上瘾的症状、做出难以自控或破坏性的行为、精神健康出问题或出现以上综合状况时，信托文件要赋予受托人截留信托分配资金的权限。在受益人接受治疗，并打算将信托分配资金用于治疗瘾癖、聘请执业专家监督疗程之前，受托人可以得到授权截留这笔资金。非常重要的是，这些‘杠杆’条款还应要求受益人必须完全遵守治疗建议，签署许可书，允许受托人审查治疗方案，并能和顾问人员谈话。最后，这些文件还需明确规定，受托人（不是瘾癖患者）有权选择可靠的药物检测机构。如果受益人没有接受建议的药物检测治疗，受托人有权截留信托分配资金。

家族信托："你有没有发现信托中哪些具体的条款可以用作示例呢？"

比尔："有的，比如说下面这个例子，信托创立人想特别交代受托人，在遇上受益人患有瘾癖症时，可以截留信托分配资金：

尽管前文已有规定，但是，受托人可以通过他/她自己的考量，对任何当前高度依赖药物和/或酒精的受益人，采取截留其资产、收入或其他款项的措施。这些资产、收入或款项将由受托人扣押和保管，直至受益人通过受托人的考量，认为受益人正从这种药物和/或酒精依赖中康复。

第二个例子是关于截留信托分配资金的"诱因"，内容略微宽泛一些：

如果在任何时候，经受托人独自判别，认为某位有资格接受信托净收益或标的本金分配的受益人，没有能力妥善管理他/她的财务事宜；或者，倘若受托人有合理理由，对某位受益人的道德操守或者私人事务产生顾虑，甚至顾虑该受益人的健康或者福利状况；或者，假如某位受益人被判刑事犯罪，或成为刑事犯罪的调查对象……

下面还有第三个例子。在这个例子中，信托创立人非常笼统地表达了自己对受益人未来康乐的祝福：

我希望，我独立的受托人在做出分配之前，可以考虑（我孩子的）精神和身体状况，以及（我孩子的）最大利益。

读者们可以在我的网站（见本书附录二）上看到更多用于信托的条款示例。当然，精确的条款内容要看信托创立人的价值观是什么，还有能够引发这个家族变革的动力又是什么。我想补充一点:这类条款不仅可以用在信托之中,而且能用在共有实体上,例如,家族有限合伙企业,或有限责任公司。”

家族信托:“如果某位家族成员已经开始接受治疗或者已经结束了疗程,又该如何?到时候,有哪些比较有用的具体条款吗?”

比尔:“肯定有。刚才说过,瘾癖症治疗和康复并非几个星期或者几个月就能搞定的。一般来说,至少需要2年的时间,患者的精神状态才能稳定下来,并养成新的习惯。受托人应该有权去要求受益人在这段时间内接受测试,并且,如果受益人没有遵守治疗约定,受托人应有权截留资金——除非用于治疗。另外,受托人应当小心辨别患者‘康复期’的起始时间。这个时间指的是受益人真正恢复正常生活节奏的时间,并非他/她暂时住在(为已戒毒者重回社会所设立的)过渡住所中,过着受保护生活的时间。不过,有时候,如果瘾癖症受益人的配偶或孩子举报受益人有这个病,受益人会拿丧失信托资金来威胁他们。所以,受托人有权力,不顾受益人的反对,将信托资金分配给受益人的配偶或者孩子。当然,在受托人中止向受益人分配的期间,该受益人将会丧失撤销或更换受托人,或者自己当受托人的权力。最后,对该受益人的行为或者福利水平,受托人或者专家们均无需负责;这样的条款应该保护受托人和其他受到受益人任何形式威胁的人。”

家族信托:“比尔,你的观点对我们太有帮助了。最后,你对我们的读者还有什么要说的吗?”

比尔:“用最简单的话讲,就是要做到‘有恒心,要主动’。我希望自己已经鼓励受托人、家族成员和他们的顾问在解决物质使用障碍问题上,能够主动出击。成功还是有机会的。对那些现在不存在瘾癖症的家族,我还是希望这些想法能够促使他们采取一定的措施,有效地处理子孙一代中的异常行为。但长久以来,令我们痛心的是,很多受益人一直在忍受着无谓的、本可避免的死亡威胁。”

再重复一遍，想了解更多比尔建议的用于信托和类似工具的模板条款，详见附录二。

瘾癖症可能看起来是一个非常专业的话题，但是，本书全部内容讲的都是关于如何使用信托来提高受益人的生活质量，而信托所带来的一个很大的隐患就是"受益人对分配的瘾癖"，即受益人会对每月或每季度都能收到生活费产生依赖，结果致使自己丧失了目的感和追求。从这一点出发，每一位信托创立人、受托人和受益人的任务都应该是避免出现瘾癖症的状况。做到这一点的关键，就是在这些纷杂关系中增加人文色彩——让其中的每一方都可以发出自己的声音，感受到尊严。这样，受益人对资金分配的瘾癖就绝不会取代受益人自身的目的感。

第十六章　信托与婚姻

弗洛伊德很久以前就发现(而且至今很多作曲家还在提醒着我们)，人面临的困难有很多，其中经常会涉及爱和钱的问题。当信托和婚姻计划(或再婚计划)出现交集时，这些困难往往会融为一体。毫不奇怪，信托与婚姻的交集成了信托系统圈中最难理解的地方之一。

无论是在一个人，还是在一个家族的生命中，婚姻通常是不断变化和演进的。因此，我们将从几个角度来探讨有关婚姻的话题。(在本书中，我们所说的“婚姻”包括任何长期投入感情的关系。)首先，我们考虑的是，随着你踏入婚姻之门，该如何定位信托。接着，我们会讲夫妻之间该如何讨论婚姻中的信托问题，说得更细些，就是讨论什么时候、该如何告知受益人有一份信托存在的问题。最后，我们会探讨一下二婚或超过两次的婚姻中比较棘手的信托问题。通过全面的分析，我们将会认识到，伴侣之间——特别是当女性财富多于男性时——财务实力的不对等在处理信托问题中所发挥的作用。

婚前协议

婚前协议对协议各方而言，里面写的都是让他们感到害怕的情形。这些协议往往令人联想到保护欲过度的父母、一直被当小孩惯着的子女、靠出卖色相骗钱的未婚夫、新发展的情侣关系中不光彩的事；还有本该是充满关爱，却成了猜疑，本该是充满希望，却充斥着怀疑——简而言之，就是一片恐惧。

然而，现实大可不必如此。我们在《馈赠周期》中作过更详细的论述，多费心思和多份关爱，可以将整个婚前协议过程从“梦魇”转变成喜闻乐见的传统，成为新婚夫妇和新家庭组合中的一部分。下面，我们会总结几条可以做到这一点的办法。不过，首先关键是要知道，信托可以极大地推动婚前协议的过程朝着积极方向发展，而不是加剧这个过程的负面效应。

原因在于，信托结构如果编排合理，则信托资产可能归属于新婚夫妻名下的新生“婚姻财产”。在很多国家以及美国的一些州，涉及未来可能出现的离婚或者婚姻解除时，干脆“避而不谈”信托资产，这样，婚前协议过程中就不必非得出现信托资产这个主题。[1] 信托资产必须要对外披露，这是为了维护婚前协议过程的公正，而更重要的，则是为了教育受益人以及他/她的未来伴侣。但是，资产信息披露并不等于拿到更少的信托分配。信托资产是新组成的家庭大环境中的元素，并不是现在归在他们名下或在未来某一天不得不分割的一块地皮。

在婚前协议过程之前拿出信托，可以让打算结婚的情侣舒缓心中的压力。我们听过很多受益人说，他们真的很欣慰自己的父母提前把资产放到了信托里，这样，他们——家族年轻成员——就不用去做任何决定了。有一位未婚妻说过：“我不想让我男朋友拿这笔财产，可我又不想跟他讲。其实，我可以告诉他，在他出现之前，我就有了这个决定。”同样，一位未婚夫也曾对我们讲：“当我知道她的资产都在信托里的时候，我是很高兴的。这一份信托是她爸妈留给她的馈赠，跟我没关系。她和我可以接着过好自己的日子，而且我也可以给她馈赠。”另外，婚前协议还可以在家族价值观念和历史传统方面，约束信托的应用范围，而不是单纯地作为提防配偶的一种手段。举个例子，有些家族解释说：“我们家一直都是这样做的：跟你没关系。”或者类似的说法：“我们家的财富（或企业）属于家族财产，不仅影响了很多人，而且是我们的遗产之一。所以才把它放到了信托里。”

上面这些例子还说明，信托往往是造成财务不平等的一项重大原因。在婚姻中，财务不平等是一个很大的话题，但不在本章讨论范围内。现在，这种话题越发普遍，很多父母将毕生心血赠给了孩子，特别是女性会发现自己拥有越来越多的财富。把握好这种不平等的尺度，关键在于既能体谅对方，又能了解自己。对夫妻关系而言，财务不平等是一种威胁，而认识到这一点，则是处理好这种问题的关键。如果能体谅对方，则从中又衍生出另外一种能力，即促使双方相互交流、探讨双方之间的差距到底对彼此都意味着什么。随着双方都对自己的情感有了透彻了解，并将其开诚布公，彼此之间的那些差距会变得越来越具体可控。

前面我们讲过，不管是否有信托存在，将婚前协议过程作为一个整体管理时，其要点就是做好沟通工作。我们将整个沟通过程精简概括成以下步骤：

1. 作为一个家族，要十分清楚每个孩子给自己的婚姻添置了（如果有）哪些资产（即还没有经信托处理过的资产）。

2. 作为即将结婚的成年孩子的父母，阐明自己对孩子婚前协议的看法及缘由（如果父母可能对这个问题意见相左，这一点就尤为重要）。

3. 作为父母，你要决定是否将对婚前协议的决定权交在孩子手里。

4. 作为未婚夫或未婚妻，阐明自己对婚前协议的看法及缘由。

5. 父母与孩子之间要充分沟通好情感，力求能够理解、体谅彼此的情绪。

6. 未婚夫和未婚妻要充分沟通好情感，力求能够理解、体谅彼此的情绪。

7. 根据以上沟通步骤，在婚前协议如何才能最大限度地促成新的婚姻关系问题上，做出决定。

同任何沟通过程一样，有些人就是比其他人更擅长处理婚前协议的过程。尤其是婚姻家庭律师如果带着对抗眼光看待婚前协议，就可能很难帮助家族成员通过正面积极的方式去利用婚前协议过程。在这种情况下，我们见过有的家庭充分利用了“转达人”（translator）的作用。所谓“转达人”，指的是具备信托和家族动力学知识技能，有能力帮助家族阐明积极意愿，并将其意愿“转达”给双方婚姻家庭律师的人。这样的“转达”可以避免过多地伤害双方的情感、产生焦虑和律师费。

婚前协议过程不容易操作，但如果婚前协议过程是源自一份善意要求，那么相比于克制自己的焦虑但在婚前突然要求一份婚前协议而言，这个过程所产生的效果会更好。实际上，如果婚前协议过程的背后有一股积极的力量（而不是一种恐惧的力量），这个过程可以成为新配偶融入这个家族的“入门培训课”，而不是像一扇紧闭的大门，或者预示着开启一段充满怀疑的婚姻。再重复一遍，我们本章的重点是，信托的出现——不是让情况变得更困难——实际上可以缓和婚前协议的过程，将重点更多地放在幸福的夫妻以及婚姻问题上，减少对财富问题的关注。

婚姻内的相关问题

信托可以从很多方面影响既成婚姻，比如，夫妻中，一方或者双方都是家族信托的受益人。他们可能会重新思考在这个婚姻中各自拿出多少比例的信托。这等于说，在既成婚姻前提下，要重新考量或者重新磋商婚前协议的过程。另外，那些创建了自己家族信托的夫妻，需要决定把自己的多少财产放入信托当中，受益人是谁，信托分配的条件是什么。甚至说得再根本些，他们需要决定如何在下面这个问题上做出判断：夫妻二人的话语权一样吗？或者说，谁创造了这笔财富，谁就有主导权？在财富创造和养育子女的热门问题上，很多夫妻“默认”的处理方式是第二种，即在一方没有创造财富的情况下，让创造财富的配偶（通常，但并非一定是丈夫）去处理相关的“法律细节问题”。如果这种情况出现，夫妻双方可能希望几年之后再重新考虑上述法律细节，那时候，他们会有更多的时间和阅历来反思此前做出的选择。

当夫妻二人在婚姻期间创建了自己的信托，他们该告诉日渐成长的孩子们哪些信托内容？何时告诉他们？这是很多已婚夫妻通常会遇到的最头疼的问题。但为了内容上的简练，我们此处的重点就是分析这个问题。

在《馈赠周期》中，我们也对这个话题做了阐述，而且内容更为全面。在本章，我们将《馈赠周期》的内容进行了压缩、提炼，同时增加了几点专门针对信托，而非意义更为宽泛的对家族财富的思考。

我们的朋友兼同事——哈佛大学前高级慈善问题顾问——查尔斯·科利尔(Charles Collier)率先推荐过一个解决上述问题的办法，被他称为"三步走"办法(在第七章信托创立人部分讲过)。所以，回答上面这个问题，我们建议夫妻双方采纳查尔斯提出的"三步走"。这个办法已经帮助过无数夫妻突破层层阻碍，做出了自己的决定。总的来说，这个办法内容大概如下：

第一步，夫妻双方的每一方应该阐明他/她想要沟通交流的内容；从各自角度出发，通过这次交流想要达到什么目标；他/她在与自己孩子沟通信托问题时，感受如何。

第二步，当每一方都对自己的问题了然于胸时，夫妻双方应该分享彼此的观点，目的在于相互聆听、学习、理解对方的观点，体谅对方的感受，而不是"占对方便宜"。

第三步，只有当夫妻已经彻底消化了第二步的含义时，他们才能以"夫妻"的身份，一起继续做下一步决定：他们想与孩子们沟通什么内容，何时沟通，如何沟通。

然而，我们通常看到的是，夫妻双方跳过第一步和第二步，尤其在回答"何时沟通"和"如何沟通"问题时，想直接走第三步。所以，这些问题常常让人觉得无法克服：因为夫妻双方可能并不了解自己的想法，更不了解对方的心思。相比之下，如果双方在第一步和第二步上多投入时间和精力，第三步走得自然会相对轻松顺畅。

当然，每次沟通至少涉及两个阵营。父母是一个阵营，孩子是另一个阵营。有时候，父母有充分的理由，质疑自己的孩子能否通过明智的做法，去倾听、理解并整合家族信托的信息。父母担心家族信托会破坏孩子们积极工作的理念，而这种事是真实存在的。

这种担忧非常普遍，而解决办法就是，父母花些精力把每个孩子当成一个独立的个体去看待。有的孩子几乎天生就有责任感，而且能够以自我为导向：即便在十七八岁的时候，他们可能就有能力通过一种非常明智的方式，去理解并整合多份信托里的信息。其他孩子甚至到20多岁或30多岁依然觉得整合这样的信息非常吃力。不过，大部分孩子的年龄估计在这两者之间。

面对这种情形，父母通常有两种处理办法。一种就是保密。他们往往会守住有关信托的所有信息，时间越长越好，甚至可能拖到自己孩子成年，有权获知这些信息的时候。有些父母在一些司法管辖地区设立自己的信托，就是因为这些地方不要求他们告知成年受益人关于信托的信息。保密虽然很有吸引力，但是，我们认为这种做法几乎没什么效果，反而造成了很大的机会成本：父母花在保密上的时间，原本可以通过本书其他章节讨论过的方法，用于教育受益人。另外，保密几乎向来都会招致憎恨的情绪。真相在未来某个时候总会暴露出来。到时候，成年受益人会盘算一下，如果他/她通过所有方法能够得知信托的真相，也许自己的人生选择早已发生了改变。不管他/她这种回顾性的评估是否准确，但一种怨恨的情绪却是实实在在的，而且具备一定的破坏性，毕竟自己曾被当成一个没有责任感的儿童。

另外一种习惯性做法是，父母不参与整个讨论过程，而是将其交给一位“专业人士”处理。这类“专业人士”通常指的是机构受托人（如果有）里的信托管理人或者职业受托人（例如律师）。这样的情况一般会让受益人大感意外，产生一定的焦虑。对受益人之后的学习而言，这不是很好的开端。另外，专业人士与受益人的讨论通常偏技术性，且具有一定的偏见。所以，结束会谈后，受益人离开时往往一脸困惑，甚至感到很没面子。于是，这样的会见结果很可能是：整个讨论主题再被闲置几年或几十年。这可能是有些父母所希望看到的结果，不过，话说回来，对教育程度不高、准备不充分的受益人而言，这样的会谈可能给他们注入了一股想要做出变革的动力。常言道:“不预则废。”所以,毫不奇怪,如果没有做好“准备”,很多受益人无法管理好他们的信托。

不过,在第七章,我们提出过一种根据受益人身份,为受益人量身定制的沟通方式。有时候,这种沟通过程可能会有第三方参与,由其对每一位成年受益人做一个访谈,从而了解他/她的知识水平、每个人学习信托知识时的准备程度、对沟通话题所产生的疑问。这样的访谈对受益人非常有帮助,可以帮他/她做好充分利用沟通过程的准备工作。另外,访谈还可以让父母和他们的顾问做好准备,以最有效的方式教育好受益人。这些访谈甚至能帮助父母决定,是把孩子当成一个群体来共享信息,还是把孩子当成独立的个体来共享信息,是否与孩子们的配偶(如果孩子们都结婚了)共享信息。

对你来说,不管沟通过程的最终结果如何——是简单的“一对一”对话,还是上面提到的“系列访谈和规划”——我们都要归结出一条非常基本的原则:努力理解彼此。如果你借着每次跟自己孩子互动的机会,去了解他们是“谁”、他们知道哪些东西、他们希望你能了解哪些东西、他们可能把自己所知的东西整合得多好,那么,你们沟通时所涉及的“是什么”、“什么时候”以及“如何做”的问题,很可能会处理得非常自然。[2]

二次及更多次数的婚姻

不管是在前配偶去世之后,还是离婚之后组合起来的家庭,其生活都可谓是最复杂的,而组合家庭再加上复杂的信托,又让情况变得更复杂。管理好信托中涌动的各方力量以及再婚关系,需要各方之间的细心、耐心和体谅。

这种复杂的家庭状况通常有很多种表现形式。例如,一位配偶去世前为他/她健在的配偶设立了一份婚姻信托,待其去世之后,这位健在的配偶再婚了。这有点像第一次结婚却身背诸多家族信托的年轻人。不过,这可能给再婚的配偶及其新伴侣带来某种焦虑,同时,还有可能会宽慰一下人心:因为已故配偶很可能在所设的婚姻信托中对信托分配和资产利用等问题做了明确的规定。也许,在这段新婚姻中,婚姻信托根本不会“被提到”。于是,这可能推动这对新人打造属于自己的“经济世界”,不会因已故配偶影响了自己的经济生活而产生一种愧疚或者厌恶情绪。

婚姻信托可能还会在很多极为常见、极为困难的情形中发挥一定作用,其中就包括涉及信托和再婚的情形:某人带着孩子再婚,为他/她自己的新配偶创立了一份婚姻信托。如果这位新配偶比信托创立人年轻,情况会变得更具挑战性。有时候,在年龄上,新配偶甚至可能和信托创立人与前配偶的子女相仿。

在这类情况下,信托创立人与第一任配偶的子女自然会怀疑这位新配偶的各种动机:他或她就是为了钱才和妈妈或爸爸结婚的吗?除此之外,他们自然还会担心婚姻信托给自己以及他们的子女所造成的后果:信托财富存在的时间会超过这位新配偶的寿命吗?信托中还会留下什么东西给我们吗?我们一定要等一辈子吗?这些问题虽然缺乏“君子风度”,但却非常普遍。

再讲一遍:上面这些都是非常复杂的情况,而简单的办法无法公平地解决它们。不过,我们通过与大量的家族接触,注意到一条规律:你活着的时候解决以上问题,与你去世之后,由你的成年子女与你的第二任妻子或丈夫充分协商来解决以上问题,两者比起来,前者总的来说效果更好些。

原因很简单:你活着的时候,你和你的配偶可以用独有的词句来阐释建立这份婚姻信托的各项原因,并将原因传达给所有利益相关方。自己和前任配偶的子女也许对你的安排很满意,或者对此充满怨愤。这些都是他们的选择。但至少他们会成为知情人。无论是你的观念还是情感,他们都会清清楚楚。以后,他们就不会再有理由抱怨说,当初爸爸或妈妈“应该是这样想的”或“真实想法是这样的”。

前面,我们讲过“三步走”的沟通流程。对二次踏入婚姻的配偶,我们还是建议他们采纳这个流程,在他们与前任配偶的子女沟通时,说清楚自己的观点和情感。这个流程中有一道思考题，即你是否会在信托里留一些资产给自己与前任配偶的子女。这道题时常出现在二次婚姻里，而二次婚姻的伴侣之间往往又存在大量的财富不对等现象。在这些情况中，不管你是如何决定的，最关键的是，你和你的配偶要讲清楚自己的个人观点（第一步），彼此之间开诚布公，交流观点（第二步），最后决定好自己想要做什么、说什么（第三步）。

这个流程说起来容易，做起来难。比如，在第一步和第二步中，加一个“价值观澄清”的练习环节，可能非常重要。这样的练习能让这对配偶弄清楚每个人最关心的问题以及两人在价值观上的交集。发现他们之间的细微差异和共识，能为以后全面思考行动方案和沟通找到更为牢固的理论基石。

整个流程非常消耗时间，尤其当家族因为以前的摩擦或者离婚，一直充满着愤怒和怨恨时。如果你害怕把对新配偶的愿望透露给自己成年子女，可能造成他们会拿着你与孙辈子女的关系做“要挟”，情况将会变得特别困难。对祖父母辈的人来说，这是一种非常可怕的情形。面对此类情形，一个更为重要的做法，就是仔仔细细地和你的新配偶讨论这种情形。这样，双方都能清楚处理这类情况的不同方法的利弊、收益以及可能产生的损失。有时候，必须要让炸薯条落在它们该落下的地方，当然，只有在它们肯定会掉下来的时候才会如此。倘若真是如此，对这对新夫妻来说，弄清楚自己采取措施的方向，在决定继续——或者停止——沟通的问题上达成一致意见，都是非常关键的做法。

再强调一遍，爱（尤其是父母的爱）常常给我们带来大喜和大悲，而钱财更能加深这种喜与悲。婚姻中的信托作用错综复杂，很难理顺。不过，我们发现，无论是老夫老妻，还是少夫少妻，只要他们肯花时间去深入了解自己、理解彼此、理解子女，明白自己所采取的措施，即便有时候会比较痛苦，但这样做通常都会带来更为积极的效果。

注　释

1. 处理离婚情况中的不可撤销信托，一直没有固定的方法，需要从法律上认真给予考量。在美国，有些州已经采取了措施，使信托受到财产分割（如婚姻财产）的影响更小，而其他一些州则采取了相反的措施。国际社会中情况也是如此。想要深入了解你所在地区的情况，请咨询充分的法律建议。

2. 与子女们谈财富问题，除了《馈赠周期》这本书外，还有很多其他非常好的讨论案例。提到与年轻子女的沟通，有一本专门处理这种问题的书，书中的观点颇为深刻。此书由苏珍·皮特弗兰德（Suzen Peterfriend）和芭芭拉·豪瑟（Barbara Hauser）合著（Mesatop Press，2001）。

第十七章　信托的过渡

所罗门的指环

有一个关于所罗门王的故事。我们都知道，所罗门是智慧之王。他曾想测试一下自己的首席顾问大臣、伟大的维齐尔*的才智。过几个月就是所罗门的生日，于是，他把维齐尔召来，问道："今年，我想让你准备一份稀世罕见的礼物。它能让一个快乐之人伤悲，同时却让另一个悲伤之人快乐。"

几个星期过去了，维齐尔绞尽脑汁想找到献给自己陛下的这份礼物。可是，纵然他能找到很多可以让开心之人陡然生悲的物品，也能找到一些可以让悲伤之人释怀而乐的东西，但却无法找到同时能起到这两种效果的物品。最后，所罗门的生日越来越近，维齐尔一个人在大巴扎上游荡着，心里满是痛苦。随后，他的目光落在了一个不起眼的商摊角落处的一个小物件上。一番端详之后，他知道自己已经找到了这份礼物。

生日当天，所罗门以为自己伟大的维齐尔没找到这份礼物，于是，召他上前，奉上礼物。维齐尔上前把一个很朴素的银指环放在了所罗门手心里。所罗门一脸不解。"这是什么？"他问道。

---

* 维齐尔：伊斯兰国家历史上对宫廷大臣或宰相的称谓。又译"卧齐尔"，阿拉伯语音译，意为"帮助者"、"支持者"、"辅佐者"。

“陛下，您读一下上面的字。”维齐尔不紧不慢地回答说。

这个指环外边刻着一行字：“此物亦会消逝不在”。

“无论你是开心还是伤悲，都要记住它，聪明的人。”所罗门微微一笑，心知自己的这位首席顾问大臣跟他一样聪明。

此物亦会消逝不在

无论是在困难险阻中，还是在安乐精彩时，上面这句话都值得受托人、受益人以及其他与家族信托打交道的人铭记于心。天地万物，无论好坏，均不能持久。

至于家族信托，可能存在以下几点转换问题：

- 调整信托内容或者采用“过酒换瓶”法（稍后解释）。
- 更换受托人。
- 更换受益人。
- 根据信托协议的条款，终止信托。
- 根据法律，终止信托。

有时候，这些信托转换牢牢控制在各大利益相关方手中。有时候，各利益相关方并没能控制住。虽然没能控制它们，但我们依然有办法创造机会。还有句老话，“凡事要看到最后”。即便我们无法预知事情的结局，或者发展到最后，我们可能都不在了，但思索此事可能存在的多种结局或者后果，却能帮我们梳理眼下面临的各种选择和采取的行动。因为我们知道，此事（即当前的状态）也将消逝不在。

改变信托

大多数家族信托是不可撤销的。这意味着，一旦家族信托确立，无法对它们进行大幅度地修改，尤其是涉及家族信托的分配条款时。不过，就像所罗门所认可的一点：世上万物均无定法。现在已经出现了一些可以调整所谓“不可撤销信托”的办法。

在此，我们不打算深入介绍这些调整策略。它们的适用性和表现形式在各州都不一样，具体要看每个州的法律环境。对不可撤销的信托做出调整，几大核心策略包括：

- 司法调解协议。
- 司法调整。
- “过酒换瓶”法。

调整不可撤销信托，最省事的办法可能就是司法调解协议。通过调解协议，受托人和所有受益人——有时候包括年少受益人的代理人（通常由法院指派）——聚在一起，达成共识，修改信托的某项重大内容。这种修改可能包括，将信托的分配政策从原来规定的“收入”分配变成“单一信托”分配（即每年分配固定比例）。或者，上述各方可能同意，对信托分配中围绕健康、教育或者类似内容的条款，做一个特别的解释。一般情况下，司法调解协议不能创造或者作废受益人的利益。不过，它可以提前终止信托。再说一次，州法律以及环境因素在这方面起到支配作用。从“司法调解协议”的名字上，我们就可以看出来，这份协议虽然不必经过起诉成为一种审判结果，但也必须得到法院的首肯。这意味着，相比下面的司法调整，司法调解协议的效果、成本要低一些。

相比之下，司法调整或改善需要提交申诉书，并请法院对这种申请进行调查，然后做出判决。在司法调解协议出现之前，司法调整是很多州修改不可撤销信托的唯一办法。如果真要按上面的要求做，法院会要求信托各方，包括年少的或者不确定的受益人派出代表。不过，根据事件的复杂程度以及法院备审案件的目录来看，整个过程可能也会花费很长的时间。多方代表参加，外加漫长的时间，意味着高昂的律师费用。即便信托的所有成年相关方都同意修改这份信托，但是，不能确保他们的律师会同意他们想改什么就改什么。毕竟，如果信托创立人已经离世，法院可能更希望将事情维持在信托创立人当初创立信托时的框架之内，即使对这份信托做出的调整完全合理。法律并不是靠它的逻辑。

面临这种困境，最近几年，信托律师和美国一些州设计了一套新的策略——过酒换瓶，用来调整所谓“不可更改的信托”。从这个策略的名字可以看出，“过酒换瓶”过程包括先把一份信托中的资产“注入”另外一份信托。通常，“注入”动作还包括将某份信托的“合法住处”从一个州搬到另一个州。这种变动可能是必要的，因为“新家”处理信托问题时会采取不同的方法。比如，它不会与“老家”一样要求受益人提供很多通知文件，也不要求有更多自由代表来分担受托人职责。不管哪种情况，“过酒换瓶”的办法可能会允许对信托的形式做出一些重大调整，其中包括增加信托保护人，改变信托日常管理的内容，以及调整受托人职责划分。一般情况下，改变受益人的利益格局是不大可能的。“过酒换瓶”后想要继续前行，往往需要受托人和受益人之间签署一份协议，可能还需要法院的“认同”。

不管选择哪一条策略去改变不可撤销的信托的内容，最关键的是要照顾到所有利益相关方。从本质上讲，家族信托通常会存续很长时间，而人们的观念和态度可能随着时间推移而变化。那些对信托调整的消息——可能是好消息——不灵通的人，多年以后，可能会受到利益上的侵犯，而更惨的是，他/她可能被抛在这场变化之外了。考虑到可能产生的巨额费用以及对家庭关系的扰乱（更别提受托人可能面临的责任问题），在对信托做出如上调整时务必要慎之又慎。

信托参与人的变更

个体受托人以及受益人都会变老，有时候还可能成为残疾人，而最终归宿都是死亡。即使是机构受托人也可能被其他机构吞并，而它们的员工也会退休，或者没有退休但却离开了这个舞台。

面对这么多可能出现的变化，信托系统圈里心思缜密的参与人该如何做呢？对受托人而言，我们建议你做好一项极为重要的工作：准备好自己的继任者。这项工作从你接任受托人之职时就要开始，而不是等到你打算离任时才考虑。你需要准备的工作包括以下内容：

● 做好清楚、有序的工作记录，以便另一位受托人能够（如果需要的话）快速地熟悉这份信托以及这个信托系统圈。

● 归档好你所有的重大决策，特别是有关信托的日常管理、投资以及分配方面的决策，以便继任者可以迅速地读懂你的思路和策略。

● 鼓励受益人成为你真正的信托伙伴，共同管理好他/她的这份信托，这样，无论受托人换成谁，这位受益人都能用到这些管理技能。

● 如果你有权指定自己的继任者，时刻记着这位潜在候选人。一旦接到接任通知，这位候选人可以出色地担负起受托人的职责。另外，确保受益人清楚你拥有这项权力，并能接纳你推荐的这位潜在候选人。

● 如果受益人有权指定接替你的人，把所有潜在的能接替你的候选人介绍给受益人。遇到合适的机会，带着受益人先面试一遍，让受益人了解并遴选出继任的受托人。

● 随身跟着一位继任受托人是比较理想的情况。这样，你在深思熟虑之后就可以将受托人的工作以及相关知识传授给继任者，而且，还能帮助受益人和新受托人完整地认识一遍我们在前几个章节里讲的一套流程，即如何建立稳固、持久的关系。

一般，只有当受益人去世或者信托终止时，受益人的地位才会终止。

对受益人或者承担类似职责的相关方而言，管理好信托系统圈中长期存在的变化，还有另外一种办法，即委托他人做好该信托系统圈每10年一次的评估报告。这份跟踪报告可能涉及评估谁是受托人，谁又是主受益人；哪些信托是有效并获得资金支持的；未来10年中，他们打算支出多少费用，或者别人为他们打算的开支是多少；未来10年中，哪些信托将会终止；这些信托花在投资顾问、受托人以及其他相关方身上的费用是多少；假如现任某位受托人去世或者被迫离任，继任者该是什么样的人；假如现任某位受益人，或者甚至说，整个受益人群体都离世了，继任的受益人该是什么样的人；无论是谁，发挥他/她最佳的预测能力，看一看哪里还存在潜在问题。这样的评估可以写入内容更加丰富的“家族信托评估”

里，内容详见本书附录五。

某位受托人或者受益人（以及可能会增加的信托保护人或者信托顾问）离开信托系统圈时，这种变化在信托和整个信托系统的生命周期内占据着非常重要的地位。同样，在变化中利用好“习惯做法”也是非常重要的。这种习惯做法不一定很复杂，也不一定要含在信托里。也许，它简单得就像一场庆祝宴会、一份感谢礼和一封感谢信，或者类似包含常见的“火炬传递”环节的某种活动。与任何一种习惯一样（如我们在《馈赠周期》中讲的），这里的习惯有三层意思：第一，从每天的工作生活以及信托系统圈中脱身出来；第二，有时间去反思、学习，尤其是去欣赏和感恩；第三，带着从这个习惯的核心含义中学到的东西，感受到好的东西，回归日常。花些时间，关注一些这类习惯，对维持信托系统圈的长期活力和朝气非常关键。

信托即将终止

过去，大部分信托有期限，并受所谓的“禁止永恒权规则”（rule against perpetuities）的限制。这条规则源自不成文法，后来写进很多成文法中。现在，根据这条规则，信托存续不得超过“人的生命期限”（例如，在位的英国皇后的最小子嗣）外加 21 年的总和。规则背后的逻辑大概是这样的：信托创立人去世之后，不应该再对他/她的财产控制 100 年左右的时间。生活是留给在世之人的。

近几年，美国很多州对禁止永恒权规则做了大幅的延长（比如，延长到 300 年，甚至是 1 000 年），而其他一些州因为考虑到可能存在“永久性信托”[1]，所以彻底废除了这条规则。即便如此，很多信托依然规定了一些关于终止自身存续的细节：信托创立人的孙辈们去世以后，这份信托中的资产可能会直接流传给曾孙们；信托资产在某个设定额度内已经做好分割后，可能会直接流传到受益人手里。很多信托——例如慈善领先信托或者剩余资产慈善信托——往往能存续多年，或者在某人的一生中都能存续，然后终止，并把它们的资产全部分配给剩余资产受益人。

无论是根据法律规定（禁止永恒权规则）还是根据信托协议，有一点很重要，就是要特别小心信托的终止问题，即便这个问题很多年后才会发生。我们在第一章里讲过，从某种意义上讲，受托人的最高职责就是确保受益人能够（如果需要的话）收到信托资产，并将其成功地融入一种健康的生活方式中。在终止信托问题上，受托人的最高职责不再是虚拟的假想，而可能变得非常现实。如遇到一个特别庞大而又复杂的信托系统，受益人办公室可能派上非常大的用场（对受益人办公室的介绍，详见第二十章）。另外，在这种情况中，“家族信托评估”也许能起到非常大的作用（对“家族信托评估”的讨论，详见附录五）。

在某些情形中，终止一份信托通常会导致——根据信托创立人的遗愿或者根据受益人的财产规划——另一份新信托的诞生。在其他情形中，当期受益人从一份即将终止的信托里接收了资产后，可能会将这些资产重新放置在一份新信托中。遇到这些情况，记住关键一点，一份新馈赠即将诞生，应该考虑到任何其他馈赠从无到有时应该考虑的全部问题：它的目的是什么？赠与人想要实现什么？谁是接受人？他们如何以最好的效果将这份馈赠融入生活中？提出这份馈赠能给赠与人带来欢乐吗？对新的赠与人而言，这份新馈赠是给他们的信托撰写序文的大好时机。

终止一份信托还给受托人带来了各种职责要求。受托人必须把信托的运营和分配的账目情况全部告知当期受益人，从而完成他/她自己的记账责任。另外，很多受托人还会要求接收人在检查完上述最终账目资料后，签署一份解约书，这样，受托人与该信托未来的任何责任就不再有瓜葛。尽管这份解约书并不能免除受托人以前的过错或者渎职行为，但从法律上，它的确代表着该受托人的工作终止了。

除了解约书，信托终止与改变受托人或者受益人一样，也存在约定俗成的习惯。这种“习惯”可能包括当期受益人聚会，一起回顾这份信托给他们生活带来的影响，也可能是向信托创立人（也许很早就过世了）以及以往的和现任的受托人表达感激之情，还可能是各个受益人展开某个话题讨论，讲述他们自此以后共同的或者各自的规划，以及信托财产指定继承人对他们这些规划的影响。有时候，受托人甚至可以把自己的信托编成一段历史，然后将其融入家族信托的大历史中。

信托似乎是一种亘古不变的东西。然而，人生之中唯一不变的就是变化。在那些貌似永恒不变的框架中，存在很多可能发生的变化，我们希望本章中所有关于转换的思考可以把它们解释清楚。甚至，我们更希望，这些观点可以激发你自己去思考如何准备、应对甚至是庆祝那些转变。

注　释

1. 永久性信托存在一些内在危险，有关这方面的问题，参阅附录六。

第四部分

全面的人文信托系统圈模型

第十八章　信托创立人的承诺和挑战

在前面章节，我们带你认识了信托系统圈以及其中不同的角色和关系，并简单介绍了这些角色，还给它们做了不同程度的定义。另外，我们通过非常具体的练习，演示了如何加强整个信托系统圈内的关系，如何处理瘾癖症、婚姻以及转换等特殊问题。

在本书最后一部分，我们的重点不再是逐个认识信托系统圈的结构以及关系（大部分已经存在了），而是了解未来可能出现的某种“漫漫长途”。最后的四章里，我们所讨论的练习和安排正接受着几个有长远眼光的家庭的考验。虽然这样的家庭不是很多，但它们的考验都有着非常扎实的理论基础。

我们认为，这种人文信托系统圈将来最适合持有至少 1 000 万美元资产的信托。当资产持有水平大幅降低时，预计信托系统圈的结构可能变得成本非常昂贵，而且烦琐。如果家族财富达到或者超过 1 亿美元，该家族也许该考虑成立一个私人信托公司，反过来把那些系统圈的结构和职责全部纳入进来，或者以它为中心（想了解更多关于私人信托公司的内容，请参阅附录四）。

当然，不管信托中的家族资产规模是多少，我们所说的“人文信托系统圈”不可能适用于所有信托和身处各种环境中的所有家族。请大家把在后续章节中所读到的内容，权当用于激发自己的思考，并用最契合自己家族或者你的客户家族环境的方式，进行调整并应用。

信托创立人的难题

在下一章，我们会从宏观上介绍一个信托系统圈模型。在此之前，我们先简单回顾一下，信托创立人在选择受托人时面临的一个根本性难题。

我们往往情不自禁地想让受托人集所罗门、释迦牟尼（Buddha）和纳斯鲁丁（Nasrudin）的智慧于一身。如果你认识这么一个人，而且他/她能够为你的家族所用——想尽一切办法，签下他们。

为了找到这样的受托人，有人花费了很大的力气。你会发现，与这样的人最像的，竟是很多年前住在纽约市的一位上了年纪的犹太爷爷。[1] 当年，仅仅为住在美国中西部的 8 岁孙子找到一位合适的受托人，他跑遍了全国。最后，他在犹他州找到了一位 30 多岁的摩门教律师，结束了自己的苦苦搜寻。

爷爷去世后，这位受托人便定期拜访男孩的母亲（她是共同受托人）。每次拜访时，这位“你爷爷的好友”总会花时间去了解受益人的情况。很久以后，男孩才知道信托的存在。这样的习惯为以后建立起的毕生情谊打好了坚实基础。

这位受益人后来说道：“小时候，受托人与我接触时，会把我当孩子看待。其间所做的很多小事情，对我们之间建立起非常亲密的关系很重要。”现在，受益人已经 50 多岁。他非常感激爷爷当年费尽心思为他找到这么一位受托人。40 多年来，受托人已经成为他的良师益友。

对我们而言，受托人通常是某位家族成员，或者可能是朋友、律师、会计师，抑或某一类或其他类型（或综合类）职业受托人。这类职业受托人往往能充分履行受托人的三大主要职责：

1. 执行日常任务，如缴纳税金，编制报表。
2. 投资信托资产。
3. 分配信托资金，而且一般都能理解受益人并进行沟通。

如果受托人需要帮忙填纳税申报表，怎么办？没问题啊，雇一位注册会计师就行。不懂投资怎么办？现在到处都是天资聪颖的投资顾问，随时能为你提供帮助。

但是，如果受托人不像那位年轻的摩门教律师一样，有能力或者兴趣去与受益人处理好关系，怎么办？

稍后我们再解决这个问题以及其他问题。

先让信托创立人演练一次

你和自己的律师、会计师或者理财顾问见面并讨论信托结构之前，需要慎重考虑一个非常重要的问题——这比其他任何一个相关的信托问题都重要。对某些读者而言，制订财产规划可能是最为艰巨的一项任务。你可以自问一下："为了达到我这份信托的最高目标，尤其是当这个目标就是实现受益人真正的自由时，哪些人我可以信赖？"

首先有个不错的做法，就是从自己的记忆库里找。里面有不少"我的联系人"，其中，就有人已经很顺利地克服了自己的中年危机。这并不是说，年轻人不能成为合适人选。重点是，这个人要有良好的判断力和同情心。回想一下引言部分讲的五大原则，还有第九章讲的有远见的受托人应该会问的问题清单。

不过，几天过去之后，又回到下面的问题：你能靠谁来维护自己信托的最高目标？还是找合适的人来做这份工作吧。具体的要求如下：此人要有想法，有克服困难的勇气，有同情心，有时间去做好维护信托创立人最高目标的工作。

与家族成员，或者朋友，或者信得过的职业顾问进行头脑风暴，有用吗？

等你做好准备工作后，可以把你所想到的名字全部列出来。

对部分读者而言，先考虑人选，然后再考虑信托文件、司法管辖权以及税收等问题，似乎与通常的设想或者实际操作出入很大。

下面这条也是出乎常理的。你所列出的人，不一定都是做受托人的料。实际上，对这些人而言，明智的做法也许就是找一个除了受托人之外的其他“角色”来做。至于受托人，最好是找个机构来做，而不是个人。在后续三章，尤其是第二十一章，我们将会详细解释对你所列出的人员的想法是什么，以及为什么选择机构作为受托人更为合理。

注释

1. 获准改编自《值得信赖》中“我爷爷的馈赠”。

第十九章　受托人的最高职责及受益人的相应责任

在开始介绍信托系统圈模型前，我们先讲另外一个故事——两位财富创始人加上两位顾问，再乘以两年时间，到底是怎样一无所获的，至少短时间里是如此。

上午9点30分，信托管理人来到一座普普通通的宅子——比计划的会见时间提前了30分钟。在门口迎接他的是一对夫妻，也是房子的主人。老两口现在都80多岁了，名下还有个牧场。妻子领着信托管理人来到他们的会客厅。随后，丈夫进来了。

他们一起等律师和注册会计师过来。妻子讲话的时候，丈夫没怎么讲话。她向信托管理人介绍，他们很多年前就在这儿安家了，有两个儿子，从没想过要盖一个更大的家。

信托管理人之所以能出席本次会见，是受到夫妻二人律师的邀请。大概过去两年中，这对夫妻定期和他们的律师和注册会计师见面，想设计一套财产规划方案。丈夫和妻子都希望他们的牧场继续留在家族内，最后传给两个现在都50多岁的儿子。他们俩十几岁的时候就开始帮父母经营这个牧场了。

两年中，他们一直在探讨财产规划，制定了很多种文件，用作信托的，或者用于建立合伙关系的，都有。两年过去了，还是什么都没签。

这位律师清楚，这次来的信托管理人已经帮过很多深陷类似困境的夫妻摆脱了困难。也许这次,他能够打破僵局。

律师和注册会计师到了。整个会见是在餐厅进行的。从客厅移步至餐厅时,妻子悄悄地跟信托管理人说:“我担心我丈夫。他还是跟坐在牧场办公室时一样,每天工作很长时间。我已经催他减少工作时间了。现在,他不像年轻时候了。”

下面,我们把发生在餐桌上的对话凝练概括一下。

“您妻子告诉我,您现在依然在办公室工作很久。”

“没错。”

“这是因为您想和以前一样工作这么久,还是因为想和自己的儿子待在一起?”

“不是想和他们待在一起。我这是在工作。我现在还管着这片牧场。”

“假如您不在了,会发生什么事?没有了您,您两个儿子可以经营这个牧场吗?”

“呃,就连我自己也不行啊。不过,如果他们齐心协力,应该可以的。”

“他们能经营,但他们愿意吗?”

丈夫耷拉下脑袋,闭上眼睛,虽然实际上可能还不到 30 秒钟,但似乎过了很久。

“唉,他们不会愿意!”(又停顿了一阵子。)“我是这么想的。现在我手里还有几笔生意,大概要两年才能结束。之后,我想卖掉这个牧场,存一笔钱,够养活我和妻子就行,剩下的,两个儿子分一下。他们每个人分到的财产够多,如果他们想买,都可以自己再买个牧场了。”

这些文件我写得这么好,但客户不签

编制财产规划方案的律师们经常抱怨的是什么呢?也许你能猜到:“这些文件都是我写的。每一份都堪称顶级水准,既能规避税收问题,又能隔离债权人,还能防止奢侈浪费。但是,客户就是不肯在上面签字!”

如果你刚刚接触信托，上面这种情况——当然了，本书作者见过很多——或许看上去很滑稽。所有的专业精力和脑力付出，怎么可能出问题？然而，如果你曾经尝试过想获得一次商业合作机会，或者想把一处新家写到一份具备法律约束力的文件里，可能会更能理解这个问题。在这些情形下，有负责撰写文件的专家，还有提出自己独特观点和顾虑的你。

当某个家族和它的法律顾问对财产规划过程提出了一些问题时，往往就是财产规划产生巨大分歧的开端。这些问题是为了避免不良事件发生吗？是对税收的担心，对债权人的担心，还是担心出现纠纷，或者出现资质平庸的受托人？如果你走到这一步，会很快陷入这个泥潭，难以脱身。

或者，提出这些问题是为了得到正面结果——特别是，想让受益人的生活质量有所提高吗？这些家族会投入必要的时间，去理解功能强大的信托系统圈的各个特点，然后说："我想要那个。"

想从泥潭中脱身，而且不想再回去，那么我们建议，一开始就应该在功能运行良好的信托系统圈中，先熟悉受托人最高职责的内容，掌握受益人的相应责任情况。以此为出发点，才有了下面的全面型信托系统圈模型。

受托人最高职责及受益人相应责任

在第一章，我们介绍了一个非传统的观点，可能让一些读者对我们所表达的含义产生了疑惑：

> **受托人的最高职责**就是有能力告诉受益人："假如这份信托马上就要终止了，你明天依然可以把钱取走，没问题。"这位受益人所承担的相应责任是，妥善地接收这笔资金。

如此大胆的措辞，与我们往常所设想的受托人和受益人形象恰好相反。大部分人以前从未听过这样的"最高职责"。

换句话讲，受益人想有能力成为他们受托人的伙伴，就必须对受益人务必承担的三大职责了如指掌。

1. 执行日常任务，如缴纳税款，编制报表。

2. 投资信托资产。

3. 分配信托资金，而且一般能理解受益人并进行沟通。

缺乏以上认识，缺少受托人和受益人之间的关系，会使任何情况变得非常僵化和冷淡，从而丧失适应环境的大部分能力。可惜，现在大部分的信托系统圈就是这样运行的。它们的操作模式类似图 19.1。

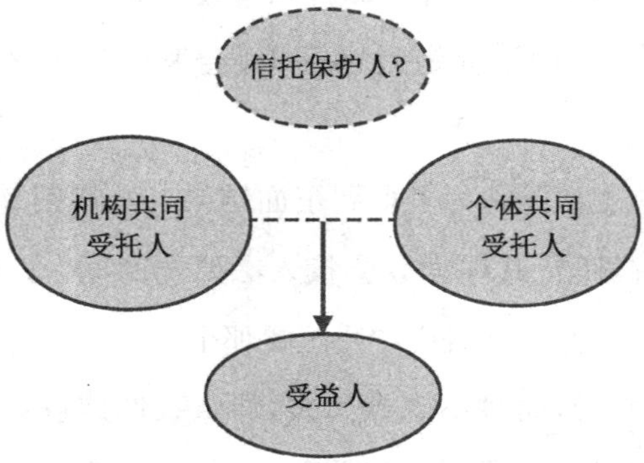

图 19.1　传统的信托系统圈

这幅图简单描述的是一个很传统的信托系统圈。里面的受托人(一个是机构受托人，另一个是个体受托人)位于受益人之上，占据着核心位置。两位受托人可能有，也可能没有非常密切的交际关系(用虚线表示这种模糊关系)。但是，他们肯定自上而下地支配着受益人(用单箭头的实线表示)。在某些信托系统圈里，信托保护人往往凌驾于整个系统之上，承担着繁杂、模糊甚至可能近乎神秘的职责。

这是一个协同系统吗？肯定不是。当系统双方在职责问题以及最终结果上没能达成一致，或至少大部分没有达成一致时，这个系统不可能称得上是协同。这是一个决定性标准，我们无法绕过它。

所以，如果受托人想完成最高职责，那么他/她所面临的问题就会变成：倘若我没能力完成三大职责中的某一个或者更多，我该找谁帮忙？

至于受益人，如果他/她想履行自己的基本责任，必须要问一下："谁能指导我呢？"

设计得再精巧的信托系统圈往往也有所遗漏，而这些问题直指这些被遗忘的东西。

受托人的配角

前面讲过，本书不需要详细解释如何选人来操作信托的日常管理和投资。个体受托人一般会有律师和会计师帮忙处理法律合规、记账、编制报表、编制纳税申报表以及其他日常管理工作。

这位个体受托人还可以雇用至少一位顾问帮他（受托人）制定投资决策。当然，如果没有他的指示，投资决策的责任和过程（以及如果出了问题之后的责任）依然由受托人承担。

机构受托人一般都有全职员工负责信托的日常管理和投资。全职员工所欠缺的就是协助受托人——无论是机构还是个体受托人——承担分配任务。这就解释了为什么从信托创立时起，它的分配职能，也是它的最高职能，往往就流产了。

如何才能弥补这个职能空白呢？如何才能创建一个真正全面且具有人情味的信托系统圈呢？我们见过一些家族是这样解决的：成立一个分配委员会（Distribution Committee，简称 DC）。理想情况下，即便在信托文件中分配委员会尚未组织起来，但它仍可以通过信托工具得以创建。分配委员会的唯一职责就是通知受托人受益人提出了分配请求。委员会的特点就是主动，而不是被动回应。因为委员们平时会花时间把受益人情况摸清楚。当某个受益人反复思考后，决定申请资金时，委员们会问受益人一些问题，确定这次申请通过是符合受益人最大利益的。结束和受益人的谈话后，他们会与受托人沟通，让受托人理解受益人的申请。

如图 19.2 所示，分配委员会充当了受托人的角色，而不是受益人的角色。但是，分配委员会让受托人和受益人之间建立了更加透明、协作性更强的关系。通过这种关系，受益人开始向整个系统中心转移，双方之间的沟通也从单向变成双向。

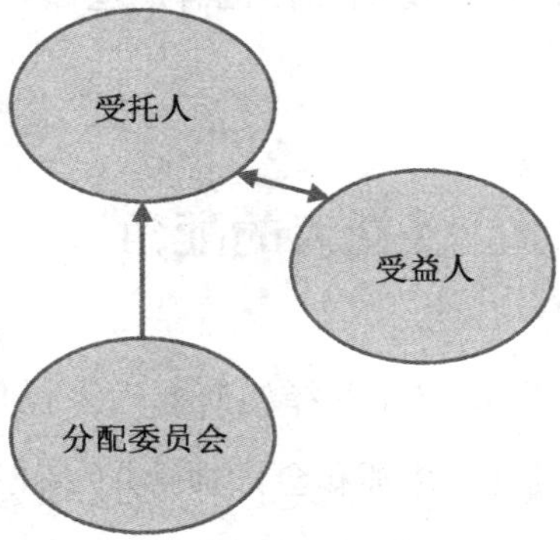

图 19.2　分配委员会

分配委员会就像常见的投资委员会，这样打比方可能更方便某些读者理解它。投资委员会通过自己掌握的投资知识，告知受托人买入什么、卖出什么，但它本身并不执行买卖操作。投资委员会只是受托人履行他/她投资职责的一种手段。这个道理同样适用于分配委员会。它平时并不决定是否分配。但是，它通过了解受益人情况来告知受托人所承担的这一项最为重要的分配职责。

受益人的配角

有人说，受托人的工作包括指导受益人。对某些受托人而言，比如之前提到的那位青年律师，这份工作可以接受。然而，缺乏专业技能、没有兴趣或者时间去把受益人教导好的受托人却是屡见不鲜的。

对一些家族而言，解决这个问题的办法，就是把他们的受益人全部送到一个或者更多的"训练营"，学习投资知识和其他技术性内容。

思考几个问题：

- 受益人参加的这种课程，在教授技术能力上做得很不错，但对人际关系、个人意识的培养以及专门针对受益人身份的个人成长问题等,并不是很重视。所以,参加这门课到底能学到什么?又会错过什么?

- 我认识哪些人可以帮我介绍其他用来教育受益人的课程?

现在设想……

你现在十几岁或者二十几岁(如果你是个受益人,正好读到这里,你很可能就这么大)。爷爷告诉你,夏天的时候他给你报了一个专为受益人设置的三天课程。他信誓旦旦地对你讲,这个培训会成为对你未来的一项重大投资。你会学到所有有关投资、预算以及其他生存技能的知识。

仔细分析这段话,它所隐藏的信息其实是:

> 想从你的信托中拿钱,你得去上这门课!对很多受益人而言,他们所能接收到的信息全都是这样的。这完全可以理解。
>
> 你去上课,但无非走三天的过场,这种可能性有多大呢?

读者们,现在回到你自己身上。这么多年来,你肯定也参加过研讨会、研讨班,偶尔可能读一个全日制班。可能你的职业要求你"继续学习";或者,可能你因为自己成长了,所以才报名上课。

现在设想,你之前上过的课非常好——教学内容好,老师也很好。离开时,你心里想的全是那些可以用新学的知识去做的事情。这是非常有道理的!

如果你和本书作者一样(多年来,已经参加过很多课程),你会遇到下面的情况,而且次数比我们想说的还多:

1. 结束课程时,我整个人都很兴奋。

2. 几个星期过后,我记得学过的几个宏观的知识点。

3. 一个月后,我记得我真的很喜欢这个课程。不过提醒一下:我学到的哪些内容是非常有趣的呢?

4. 三个月后,我记不起来把那些课程材料放哪里了。

为什么一个受益人会表现出如此大的差异呢?

想解决这种"司空见惯"的事,可以跟着本书作者还有一小部分家族的做法走。这就需要成立一个全新的机构,称为"受益人办公室"(Office of the Beneficiary，简称 OTB)。受益人办公室的唯一职能，就是协助受益人在必须成功解决以下问题时，提高解决问题的速度：假如我的信托明天终止了，信托资产分配给我，我需要懂些什么知识，掌握哪些技能，从而可以很快接受这件事？如图 19.3 所示，与分配委员会服务于受托人的作用一样，受益人办公室是服务于受益人的。

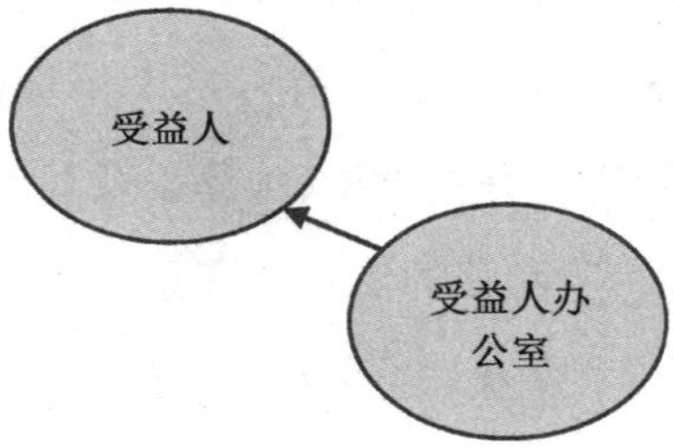

图 19.3 受益人办公室

我们认为，受益人办公室和分配委员会是全面型信托系统圈的两大关键要素。在下一章，我们将做更详细的分析。

第二十章　分配委员会和受益人办公室

在第十九章，我们提前介绍了一下分配委员会（DC）和受益人办公室（OTB）。大部分从业者对这两个概念并不熟悉，更别说信托创立人和受益人了。所以，我们的读者心里肯定也会产生很多问题。在本章，我们将更为详细地介绍这两个突破性的创新概念。

分配委员会

与第十九章一样，我们先回顾一下新模型与传统信托系统圈的对比（见图 20.1）。

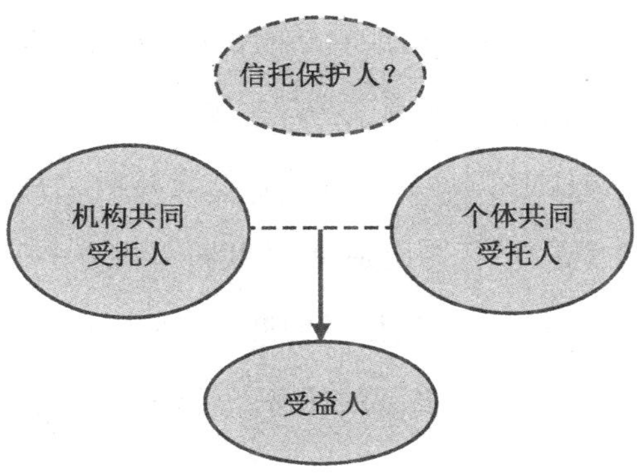

图 20.1　传统信托系统圈

在传统信托系统圈模型里，共同受托人占据着核心位置，并直接向受益人下达指令（包括批准或拒绝分配申请）。模型中加入分配委员会后，情况看上去就大不相同了（见图 20.2）。

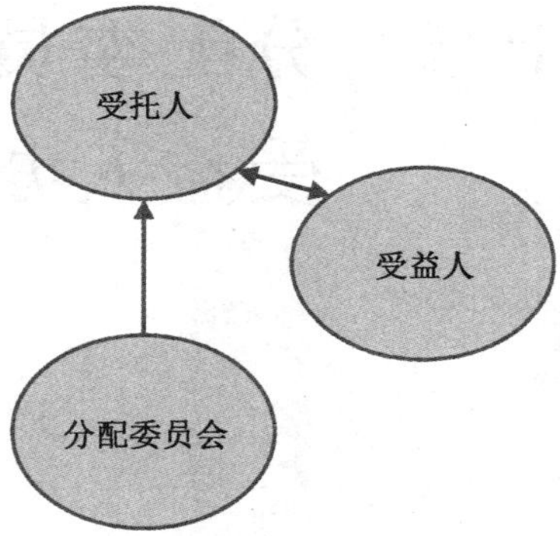

图 20.2 分配委员会

分配委员会带来的第一个影响，就是让受益人开始往核心位置转移。毕竟，分配委员会的唯一职能就是彻底掌握受益人情况，洞悉他/她提出资金申请的深层次想法，并告知受托人。

分配委员会通常由一人或多人组成。他们能用自己的才智提出各式各样的问题，进而丰富他们的谈话内容。比如，“你能多讲一点对这次分配的想法吗？假如这次通过了，你会用这次分配的资金做哪些事情，来提高自己的生活质量呢？这次分配怎样才能提高你的人力资本水平呢？假如你没有这份信托，为了继续追求同样的目标，你会怎么办？你有哪些理想？这次提出的分配如何能实现这些理想呢？”

分配委员会常见的第二大特点，就是认真聆听之后再做答复。一开始，它不会说“行”或者“不行”，而是说“给我再多讲点……”

对你最信任的顾问，或者最信任的朋友，或者某个家族成员来说，在分配委员会任职是一个非常艰巨的任务。他们深知，家人和委员双重角色之间存在着矛盾冲突。

很多读者会说：“等等，我之前以为，我想找的受托人或者信托保护人也有同样的素质!”

说的没错,但是在传统模型里。现实情况是,具备这种素质的人通常不愿意做受托人。原因有很多,随便提几个:有时候是因为投入时间过多;有时候是因为缺乏专业知识或者技能,没办法履行与之相关的受托人职责;有时候是因为担心可能会承担受托人必须面对的责任。

如果信托工具安排合理,分配委员会成员所担负的信托责任就不会成为一个麻烦。(如果信托工具没有提及分配委员会,受托人完全可以在信托约定之外成立一个分配委员会,向他/她提供建议,而且这种分配委员会更不可能承担信托的职责。)分配委员会没有决策职责。信托分配的最终决策统一归受托人。所以,与投资委员会——不参与实际买卖操作——建议受托人“买什么,卖什么”一样,分配职能最终落在受托人身上。

这一点极其重要。分配委员会并不是决策者。信托分配的决定权掌握在受托人手里。分配委员会只不过是受托人为了理性、漂亮地完成自己的分配任务而采取的手段。

在把模型用于实际生活的时候,有人经常对分配委员会和信托保护人之间的关系产生困惑。不要忘了,信托保护人可能也会去了解受益人,掌握他/她的分配申请情况,然后与受托人详谈这些分配申请的事情。然而,分配委员会要求的人员素质虽然和你可能想找的信托保护人的素质非常接近,但两者不能轻易地混为一谈。因为在我们本章所提到的模型里,信托保护人是一个独立并明显能够做决策的角色。我们在下一章会更详细地介绍,一个职责有限的决策人物与必须用自己的方式融入整个信托系统的分配委员会相比,差异还是非常大的。

对很多律师来说,分配委员会是一个全新的概念。如果要把它纳入信托文件里,可能只有信托创立人才能决定把这个新概念摆出来供大家讨论。除了之前已经提到的几点,信托工具中还需要明確地包括以下三点:

- 分配委员会产生的所有相关费用均由该信托承担。

● 受益人无权增加或开除分配委员会成员。分配委员会服务于受托人，而不是受益人。

● 分配委员会在整个信托存续期内都会存在。

当然，如果现有信托里没有分配委员会的内容，那也许可以通过司法调解协议、司法调整、“过酒换瓶”法，甚至权限极大的信托保护人，在信托工具中加上分配委员会。（想了解更多有关变更现有信托的措施，请回看第十七章。）另外，还有可能受托人想根据自己的想法成立分配委员会，就像他/她可能会雇用一位投资顾问，但是信托里根本没写“投资委员会”。当然，在这种情形下，受托人得有权限，在适当的时候能处理分配委员会的事情。

分配委员会有很多种形式。它的成员可能有好几位，而且条件各不相同。一个人也可以成立一个分配委员会。它的成员甚至可以是受托人从某个公司雇来的信托管理人，因为他们懂心理学，熟知信托系统圈，就像受托人可能雇用投资咨询公司的投资管理人来组成一个投资委员会一样。不管分配委员会的最终形式如何，最关键的还是它的职能：搜集受益人的信息，以此向受托人建言献策，做出合理的信托分配，从而真正地帮助受益人成长，成为一个自由、奋发向上的人。

受益人办公室

和分配委员会一样，我们先回顾一下受益人办公室的基本模式（见图 20.3）。

受益人办公室的原则是这样的：受益人应该有他们自己的办公室；办公室人员有能力帮助他们成为出色的受益人。“出色的受益人”具体指的是受益人已经具备了实现自我发展的能力，即便是在他们的信托即将终止，信托资金会在短期内到手的时候；这样的受益人能够承受（信托分配这颗）“彗星撞击”，同时又不打乱他们自己的生活。（想了解更多有关出色受益人的内容，请回顾第七章。）这个解释还可以换一种说法：因为他/

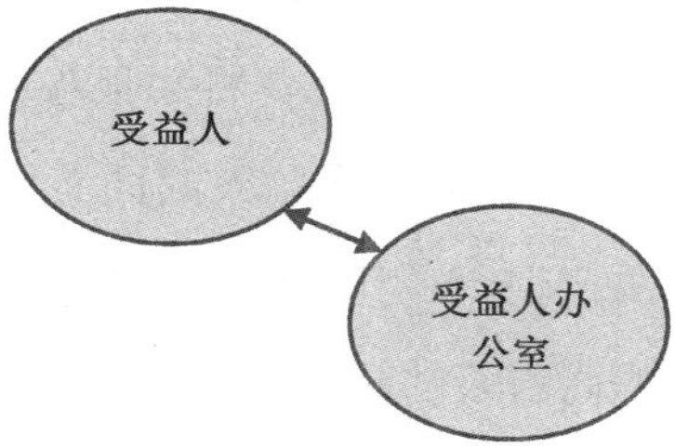

图 20.3　受益人办公室

她不依赖于信托分配，所以，即使他/她的信托连同信托中的全部资产明天不在了，出色的受益人依然可以实现自我发展。

最后，受益人办公室可以在信托日常管理、投资信托资产、信托分配等方面指导一下受益人。同样重要的是，受益人办公室还需教育受益人培养他们的工作能力、人际关系能力以及交际能力。

受益人办公室不是大学。作为指导人，它希望每一位受益人都能积极参与，设计出属于他/她自己的培养课程。这样的课程，没有哪两个是一样的。

出于同样的原因，从本质上讲，每一个受益人办公室都是短暂的。这种设计是有意为之的，目的是为了降低受益人办公室演变成一种长期机制的可能性，以免引起受益人对它的依赖。所以，一旦不需要它的时候，它就会解散。

与分配委员会不同，受益人办公室存在于信托之外。受益人有责任去组织、招募人员，以及决定何时解散一个受益人办公室。随着这份责任而来的，还有一项经济义务：受益人要支付所有成本。当然了，如果有人问受托人，他/她也许会承认这些成本属于一种合理的信托开支。但是，这些费用最后还是由受益人承担。

一条关键原则是，受益人在经济上共享信托收益，所以风险也要共同承担。如果受益人认为受益人办公室有作用，证明的办法就是愿意为此买单。

受益人办公室并不是由朋友和共同参与讨论的人组成的非正式团

队。相反，它需要得到受托人的认可，成为一种正式关系。举个例子，受托人会向受益人办公室提供一些文件资料和报告(受托人可能需要从信托文件中得到指示，或者至少得到受益人的同意才能这么做)。在这方面，受益人办公室与只决定保留一到两位指导人的受益人还是不同的。

跟着指导人学习，提高自己的高尔夫挥杆技术，或者提高自己的写作能力，这些都不是受益人办公室的重点。它的重点具体有三个方面。

第一，信托的日常管理

受益人需要熟悉信托协议的条款、相关法律以及受托人的政策和流程。受益人还要非常了解受托人编制的信托对账单，但这要求受益人具备综合的投资和信托会计知识。

受益人极少愿意花时间去做信托的日常管理工作。因此，如果受益人办公室平时能审查信托的纳税申报、检查信托会计、确认费用计算结果，然后汇报至受益人，那么，这位受益人就是在履行他/她的职责，了解信托的日常管理工作。

一旦受益人对他/她的日常管理职责非常熟悉了，很可能就会把这些日常工作交给他的注册会计师。与此同时，受益人办公室所承担的信托日常管理职能就终止了。

第二，信托资产投资

在投资方面，受益人有责任去掌控投资的战略风险。受益人很可能需要与受益人办公室里的投资专家保持不断交流，解决类似下列问题：信托财产是什么性质的？有关股票、债券、共同基金、合伙关系、投资性房地产、封闭型控股企业、石油天然气权益或者其他类型资产等知识，需要接受再教育吗？这份信托的投资方案是什么？当前的投资操作与投资方案的要求一致吗？投资组合有足够的流动性吗？回答这些问题，需要掌握丰富的当代投资组合原理、审慎投资者原则以及信托会计核算等知识。

如果受益人感觉自己具备这方面能力，那么，就不再需要投资专家。

第三，信托分配

在这部分对受益人的指导教育流程做个界定更难。所以，我们对可能涉及的部分内容会做进一步的详细描述。

信托受益人通过不断提高自己的认识水平，可以处理信托存在的这个问题以及信托对他/她所产生的影响。他/她能从学习信托的基本知识开始，然后能够顺利地处理好各种关系，再追求安乐的生活和满足感。随着他/她不断把这种新知识融会贯通，可能会重新规划信托架构。虽然信托在受益人生活中的核心位置不断被弱化，但却被他/她视为挖掘自身潜力（不管水平如何）的一个好帮手。

在初级的认知层面上，受益人的任务就是熟悉受益人和受托人的作用和职责，弄清楚管理信托关系的各项规定。

到一个新的认知层面，受益人将会认识到，信托是一种存在于信托创立人、受托人、受益人以及可能的其他信托系统圈参与人之间的关系。他/她的任务开始从吸收知识逐渐转移到妥善处理以上各种关系上。以后，他/她将会非常精通如何理解、维护以及充分利用这些关系。

在最高的认知层面上，受益人将达到一种更高的成熟度，对信托心怀敬意。他/她开始把信托当作一种爱的馈赠，也就是说，在她追求一个令自己满意、大有作为且充满意义的生活的道路上，这份信托将成为布置在这条路上的财力资源。他/她还会很乐意将这份信托融入自己的重要生活圈子中，包括工作圈、其他关系圈以及朋友和亲人之间的交际圈。

受益人要能做到这一步，必须得回答清楚下面几个问题：我想活得更有意义、更有目标，但我的人生已经到了这个阶段吗？纯真的生活大概是什么样子的？我有什么理想、激情或雄心壮志吗？我想有什么成就？对自己下一阶段或者更遥远的人生，我有什么想法吗？

这里就出现了一个非常细微的变化，即受益人所关注的重点不再是信托及其附属的各项关系。现在，信托可能通过妥当安排，成为受益人实现自己心满意足的生活的道路上的一项资源。

对大部分受益人而言,学习和个人发展之路并不是一帆风顺的,其中可能充满了反复和曲折。信托受益人很可能在上面所讲的三种认知层面上反复切换。受益人的任务层次是多样化的。在接受任务的同时,受益人还需面对不同任务之间存在的不同程度的重叠,而且完成的程度也会不尽相同。不管在什么时候,对受益人而言,清楚自己所承担的任务内容,知道在哪个环节做这些任务最合适,在需要帮助的时候,知道去哪里找帮手,都是非常有用的做法。

为了推动受益人的学习和个人发展,有些受益人办公室通过一些评估手段去了解每一位受益人的学习和社交风格。如果受益人能够拿出他/她最佳的学习状态去学习,那肯定能节省很多的时间(而且也不会产生失望)。这样的评估还有其他重要作用,能够帮助受益人全面思考从事什么类型的职业或者找什么工作,而且可以帮助受益人开始在这个家族治理结构(如果受益人对此满意的话)中找准自己的位置。

受益人顺利完成自己的目标后,会提高他/她的自信心,收获生活中的满足感,并且充满了活力。他/她会明白,实现目标的过程与自己的目标一样重要。将来,他/她会过上自己曾经想要的生活。

受益人办公室不只是在这些事情上教育受益人,而且会以指导人的身份,引导受益人自己去摸索。这就意味着,受益人办公室的成员可能会随着时间推移而调整。某个时候,受益人办公室可能需要仰赖律师或者会计师的专长,因为他们能开导并帮助收益人找出他/她必须要问的问题。其他时候,受益人办公室可能需要借助某位心理学员工的技术和知识。因为从心理学上讲,这位员工更清楚如何分析信托系统圈、规划受益人的职业、穿梭于各项关系之间。导师型领导可能会一直留在受益人办公室,常伴在受益人身边,在有需要的时候,再引进其他人。和分配委员会一样,受益人办公室的员工也可能来自某个公司,在此地是专门和受益人一起做事的。受益人办公室有很多种形式,但它的目标——引导受益人更加全面地了解信托,迈向更加辉煌的人生——一直未变。

成立受益人办公室的时候,可能有人禁不住想把它当成现有某个家族办公室下属的机构。家族办公室可能有员工可以在某些方面对受益人进行教育,比如说,信托的日常管理和投资。另外,家族办公室还想近距离了解受益人的情况,帮他们健康成长。

我们之前解释过,受益人觉得他们对受益人办公室有“所有权”,包括支付它的报酬。把受益人办公室变成家族办公室的组成部分,可能会让受益人的“所有权感”消失。不过,这并不是说,受益人的受益人办公室不能依靠家族办公室来完成自己的任务。比如说,如果距离家很近的地方,就有非常优秀的专业人士,为什么受益人办公室还必须得从外部聘请会计师或者投资经理来教授受益人这么多学科知识呢?如果受益人办公室真的去利用家族办公室的资源,关键在于,这样做会让受益人觉得,受益人办公室调配那么多资源是在为他/她服务。

结　论

图 20.4 是一个人文信托系统圈初始结构的模型,同时涵盖了分配委员会和受益人办公室。

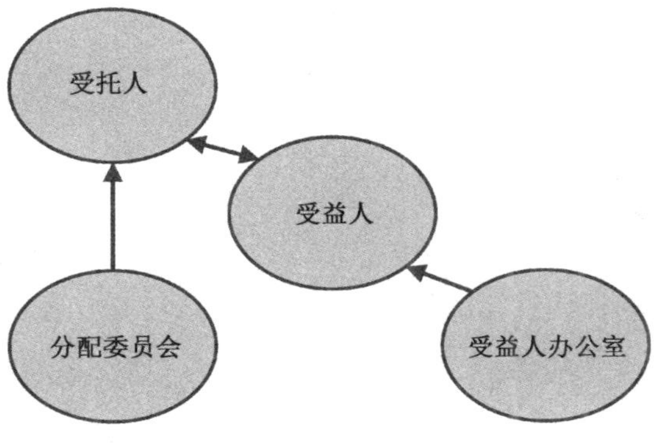

图 20.4　含分配委员会和受益人办公室的信托系统圈

分配委员会服务于受托人;受益人办公室服务于受益人。受托人和受益人之间存在一个公开、有效的沟通渠道。整个系统将受益人推向了事件的核心。

我们知道有些家族把分配委员会、受益人办公室和私人信托公司(private trust company)联合起来,创立了一种特别震撼的职能组合。阅读附录四,可以了解更多有关这种职能组合以及私人信托公司的知识。

我们讲过,分配委员会和受益人办公室的概念是我们与几个富有远见的家族首先提出来的,相对比较新。但是,它们所能发挥的作用却是永久的。并不是每一个信托系统圈和受托人都需要成立分配委员会或者受益人办公室。不过,我们的经验是,很多受托人在理解了这两个概念后,对它们都表示接受。毕竟,有人理解受益人,而且受益人也有兴趣提高自我,这样,他们往往愿意积极与自己的受托人合作。难道这不是充满生机活力的信托系统圈的意义所在吗?

第二十一章　回顾受托人和信托保护人

一个真正人文的信托系统圈还有很多组成部分。现在，我们已经对其中一些重要内容作了介绍。信托系统圈开始于信托创立人，而创立人希望自己的信托所能实现的远大目标，不单是守护好信托里的金融资产，更重要的，是培养出优秀的受益人，即无论信托中的这些金融资产是否归他们，他们的生活都能风生水起。正是出于这种意愿，才出现了信托和另外两个至关重要的机构：分配委员会和受益人办公室。分配委员会平时负责了解清楚每一位受益人的情况，并在能够帮助受益人成长的信托分配问题上向受托人提供建议；受益人办公室会和每一位受益人共同制定个人学习和发展路径，而且能经常得到受托人的支持，同受托人一起奋力前行。两个机构承载了这种意愿，才能着手创建出一个真正的人文信托系统圈(见图 21.1)。

一个真正的人文信托系统圈模型会很容易改变受托人的地位，特别是信托保护人的地位。在第六章和第八章，我们对这两大角色的基本情况作了评论。在本章，我们要讲的内容不会与之前所说的自相矛盾。相反，这些内容背后实际上就是之前章节里的观点。讲一讲它们是为了完善受托人和信托保护人的作用，让它们在这个新模型里有机会参与。再强调一下，不是每一位受托人和信托保护人都需要这种新“规则”。然而，我们在一些全面型信托系统圈里，见识过受托人和信托保护人地位发生

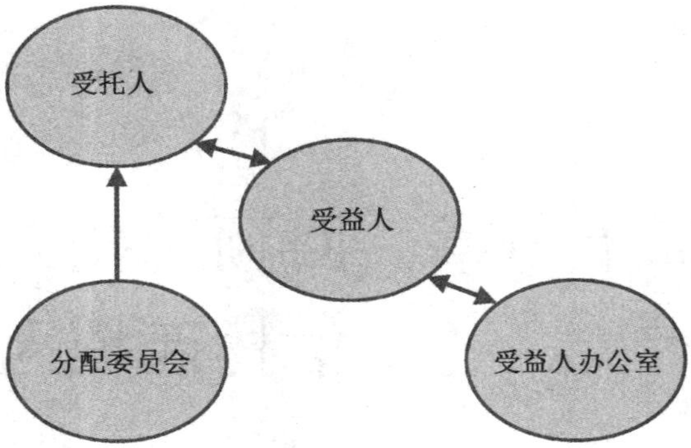

图 21.1　人文信托系统圈初始模型

变化所引起的重大而积极的影响效果。

在重新思考受托人和信托保护人的作用之前，先稍微回顾一下信托创立人在考虑选谁做受托人时所承载的压力。“我找一个家族成员？一个靠谱的顾问？一家银行或者其他机构受托人？”

找受托人的事不会永远持续下去的。一旦找人变成寻找某个具备特殊品质的受托人，那么此人通常也会感受到同样的压力：“我有这个能力吗？有想法吗？有耐心吗？”在本章后续部分，我们打算分享几点思考，重点就是信托创立人如何寻找受托人，如何缓解（如果不是消除的话）潜在受托人和信托保护人的焦虑。

最外面是什么帽子？[1]

设想一下，所有在考虑范围之内可能被任命为你的家族信托的受托人的人坐在一张桌子边上——家族成员、朋友、可靠的顾问、各类机构受托人派出的代表等。

桌子上散落着一堆棒球帽。每一顶帽子上都清楚地标着一张身份牌，表明它与受益人之间的私人关系。这样，有的帽子上标着“妈妈”，有的是“叔叔”，其他还标着“爸爸的商业合伙人”或者“妈妈的挚友”等。

最后一顶帽子上的字是“受托人”。

我们开始下面的练习，在座的每个人都要戴一层扣一层不同的帽子，表明他们与受益人之间的关系。因为每一位参与者都有可能成为受托人，所以，每个人除了戴其他帽子外，都会带一次“受托人”帽。于是，妈妈会同时戴着“妈妈”帽和“受托人”帽。叔叔也许会头顶一个“叔叔”帽，还有一个标着“爸爸的生意合伙人”帽，最后还有一个“受托人”帽。

回顾一下本书引言部分写到的“忠诚可信”职责。把这种职责放到现实中是这样的：无论何时，一旦有人承担起“受托人”的作用，“受托人”帽就必须压在其他所有帽子上面，地位高于所有在下面的帽子。

在座每一个人都会遇到这样的问题：在我当受托人的时候，我能临时管一下我戴着的其他所有“帽子”吗？我能从“母女关系”转变到“受托人—受益人关系”吗？

同样，父亲的顾问平常可能非常恪守父亲的愿望，就像母亲的挚友非常遵守母亲的想法一样。然而，一旦父亲的顾问，或者母亲的挚友戴上了“受托人”帽，那些可能引发矛盾冲突的忠诚行为都会在他们这种关系面前黯然失色。

你能看到这些隐藏于内部的摩擦吗？

认识到这些问题后，信托创立人需要回答一个问题：在这些候选受托人里，谁最有能力发现并能分清楚他们身上所承载的不同矛盾角色呢？

另外，潜在受托人也需要回答一个问题：你是受托人的时候，有能力发现并区分自己身上的不同矛盾角色吗？

选择受托人的另一种思路

在成功选择受托人方面，有些家族采用了另一种思路：先确定一个信托保护人，然后再选受托人。这样，受益人与受托人之间关系所引发的各种顾虑和焦虑很快就能得到缓解。

下面是这种思路的运用：原本可能成为受托人的个人——一个成熟、

有实践经验、让你想起第十八章里讲到的内容的人——现在被任命为信托保护人。

对可能成为受托人，但如今受邀成为信托保护人的人而言，这种操作可能真的非常有吸引力。在大部分地区，如果安排合理，信托保护人可能不会被视为受托人。这样产生的现实影响是，有的人也许因为不想承担作为一名受托人可能承担的责任，或者因为做受托人可能会引起摩擦冲突，所以，或许会拒绝做受托人。举个例子，考虑到债务因素，你家的法律顾问往往在选择受托人的过程中把自己排除。不过，你的这位律师可能真的很了解也很喜欢你的家族，而且很想帮忙。于是，成为你家族的信托保护人或许是一种很好的办法。

在我们的模型里，这样的信托保护人平时只有一项权力，在用到时，才会被“唤醒”。如果——而且只要——受益人（或者可能是受托人）要求信托保护人裁定某项纠纷，这项唯一的权力才承担起前面所讲的信托系统圈中的“审判”职能。

信托保护人在自己的权力“潜伏期”内，会主动熟悉受托人和受益人的情况。至少一年后，他/她会问其中一位，然后再问另外一位，“怎么样啊？”信托保护人平时不仅和受益人闲聊，而且还会和受托人谈心。他/她不想卷入信托系统圈日常的是是非非中，只想单纯地掌握信息资料。这样，一旦出现了冲突——与法庭不同，法庭只有当纠纷提上来时，法官才开始去了解它的内容——信托保护人熟知内情的优势方才体现出来。

设想，现在受托人和受益人之间出现了冲突。受托人可能不同意受益人提出的分配申请，而受益人认为应该通过。受益人对保护人说：“您看，我觉得这个受托人做决定的时候，根本没考虑这个，那个，还有……”

保护人站在某个立场上，说道：“我也不清楚您说的是否都对，但是，如果您希望我查清楚这件事，我肯定会做。顺便问一句，现在走到这一步，您都做了哪些事？哪些事还没做？”

后面这个问题，对信托保护人而言，非常重要。它的目的不仅在于减少苛责，还在于加深认知。另外，这个问题还提供了一次学习的机会。它促使受益人去学习新内容,然后有能力自行判断,“我真的需要启动信托保护人的权力吗?”

我们再把这个情况弄得复杂一点。设想,受益人仔细分析了整件事后,决定信托保护人应该正式地介入此事。一旦保护人的权力“启动”,他/她的作用就是想方设法居中协调,让受托人和受益人双方都能接受。如果协调失败,保护人可以全权废除这位受托人并任命他人接任受托人,或者,继续维持现状。

这个模型中,信托保护人只有一项判决权力,实际上是有意设计的。信托保护人不会去决定支持或者反对某一特定分配或者其他任何行动。正因为这些限制,信托保护人的表现才不会像一个受托人。设置这些条条框框,也是为了缓和可能影响保护人客观履行判决职能的一些冲突。

加上这类职能有限的信托保护人,我们的模型现在成为如下结构(见图 21.2)。

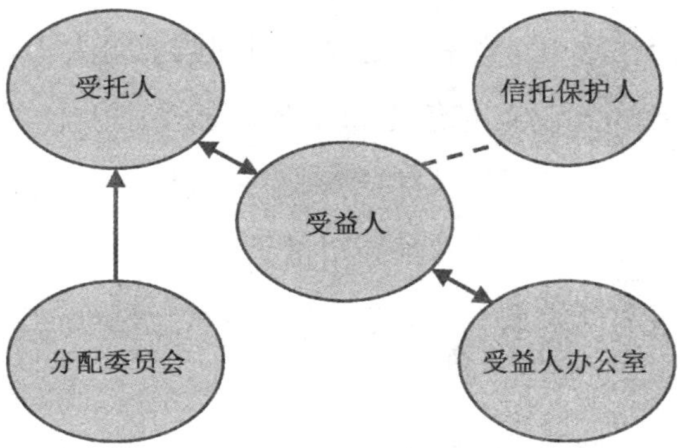

图 21.2 含信托保护人的人文信托系统圈模型

现在,受益人真正处在信托系统的核心位置。受益人与信托保护人之间的虚线,表明信托保护人发挥着一个有限且大部分时间处于“蛰伏期”的作用。如果你想受托人和受益人同时“启动”信托保护人的这项权力,则需要两条虚线:一条从受益人到信托保护人,另一条从受托人到信托保护人。

所以，再回到开始时的话题，信托创立人心里所想的可以成为个体受托人的人，现在已经被安排成为信托保护人。

现在怎么办？谁来做受托人？

重新考虑机构受托人

一家备受尊崇的信托公司的区域经理曾经问过本书的一位作者："为什么机构受托人现在提得没那么多了？为什么会对机构受托人有偏见？"这位经理一直感慨，现在只有"令人满意的"候选受托人找不到的时候，机构受托人往往才被默认指定。

当时，作者给这位经理的回复是：现在的机构受托人都存在一个问题，它们常常把收费和风险管理摆在前面，然后再考虑对自己客户的忠诚度。

机构的忠诚度问题并非凭空捏造的。然而，家族往往意识不到的是，它们几乎不可能找到一个既有兴趣又有时间的业余人士，去学习成为优秀受托人所需要的全部知识：信托日常管理、投资以及合理分配信托。极少有人能全部理解"忠诚可信"的职责、固有的利益冲突以及出了问题时可能产生的责任。我们在第六章介绍过机构受托人的优点，但这里并不是在强调机构受托人在稳定性、持久性和制度记忆(institutional memory)上的优势。

把"忠诚可信"摆在前面的机构受托人可能会做好信托的日常管理和投资工作。但是，要了解熟悉受益人，完成受托人的最高职责：把受益人各方面收拾好，妥善接收信托资产。这样的一份工作，机构受托人该怎么做？

说到这里，我们就要重提模型中的分配委员会和受益人办公室。机构受托人可能很难按照履行自己最高职责的方式去了解受益人。现实情况是，尽管机构能长期存在，但是它的员工却经常换，而且对当下机构信托业务的大量需求也多次阻碍了与受益人建立深厚的私人关系。

不过，有分配委员会和受益人办公室的支持，机构受托人不仅消息灵通，而且会变得跟前面的情况完全不同。在这样的模型中，机构受托人可以“物尽其才”：维护好一个稳定可靠的信托管理、投资和分配流程。说到分配流程，机构受托人可以向分配委员会取经。诸如帮助受益人成长这样的重大工作，机构受托人可以全部托付给受益人办公室。实际上，他们对这种操作流程以及协作方式都能接受，所以，多数情况下，机构受托人可能是与分配委员会和受益人办公室结成对子的最佳选择。分配委员会和受益人办公室会对各种信托关系背后的人情进行深入、全面的思考，而机构受托人则通过一个稳定、持久的流程框架，将上述信托关系纳入进来（见图21.3）。

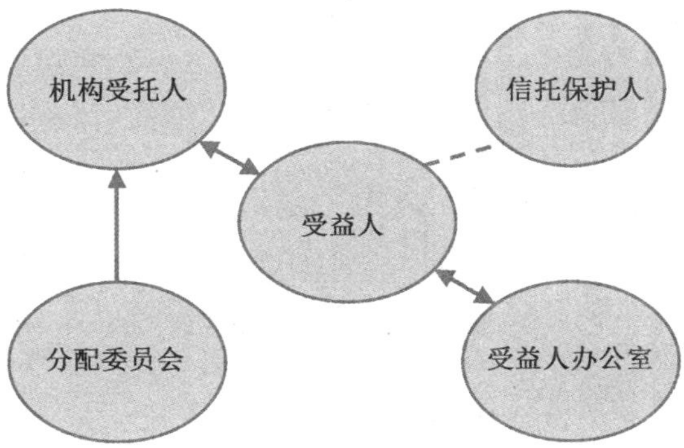

图21.3　人文信托系统圈完整模型

下面就是我们勾勒的人文信托系统圈：有一个机构受托人，它与分配委员会和受益人办公室携手合作；有一位深受信任、充满智慧的信托保护人。从相互制衡的角度看，虽然机构受托人可能有很多正式权力，但是这些权力通常要得到分配委员会和受益人办公室的信息支持，而一旦出现了摩擦，这些权力便会受制于信托保护人。然而，生活并不在于权力制衡，而是发展提高。所以，这个模型真正的优点就在于，它将整个信托系统定位为培养真正优秀的受益人。机构受托人为其提供了坚实的结构基础；信托保护人，虽然平时很少活动，但常常关注整个系统带来的长期“人文”影响；分配委员会和受益人办公室则在受益人沿着自己人生轨迹前行的时候，定期向受益人提供有关的最新资料。

整个信托行业以及一些富有远见的家族，花了很长时间才意识到信托中的人文色彩。不过，现在既然提出来了，我们作为从业者和本书作者，只希望越来越多的家族能够找到一条合适的方法，利用这个模型。对将来的子孙而言，这个模型会给他们带来数不尽的益处。

注　释

1. 感谢多年前李·豪斯纳(Lee Hausner)教给我们的这种练习。

附录一　遗赠信函示例

下面是一封引发读者思考的遗赠信函示例，内容包含多个部分。除了其中个人身份信息被隐去外，我们没有修改其他内容，所以，各部分依然反映出撰写人的价值观和评判观。本书所引用的信函已经得到了作者的许可，我们向其表示感谢。

致受托人的信

亲爱的________：

一、目的

很久以来，我一直在想，百年之后，自己的遗产该如何安排。我这么做，主要是想让家族自我西去之后，抓住我提供的良机，飞黄腾达。

我不希望他们因为我留下的财富而放弃追求有意义的人生。相反，我更希望这些钱能真正地帮到他们。

我制订的财产规划已经给信托铺好路，这样就方便了（妻子）和（孩子）以后能从中受益。他们要求你（们），（各受托人名字）来担任受托人。我的一纸文书，搭起了你们之间的关系，而这份关系最终会在你们的生活中发挥无法想象的重要作用。我真心希望你们之间能够保持一个积极向上、富有成效且健康发展的关系。

我写这封信，有三个目的：

1. 帮助你理解我对你们之间当前及未来关系走向的期待。

2. 鼓励现在的你加深与(孩子)和(妻子)的关系。重要的是，你们要对彼此非常了解。

3. 激发你们内部之间、你们和外部之间以及你我之间开展富有深意的对话。我希望可以借此对话，谈一谈受托人将来根据要求，在使用自由裁量权分配资金时所适用的原则。

下面的内容不仅是让你们之间探讨的，而且是让你我之间做讨论的。它们不能被束之高阁，也不是被丢在邮件收件箱里，任凭灰尘堆积，直到我离开人世。现在，我们一起聊一聊它们吧。

记住，我希望你们能够熟知本信函后面的内容以及附件。其中包括，我留给(妻子)和(孩子)的私人留言。现在，我决定让作为受托人的你“偷听”一下这些信件内容，因为我觉得，随着现在以及将来你们之间关系的发展，让你了解一下我的真实情感，其实也很重要。

二、清单

1. 遗愿伦理书
2. 受托人和顾问团队联系方式
3. 葬礼安排计划书
4. 财务状况表
5. 遗产规划表
6. 财务规划书
7. 公益捐赠记录
8. 投资政策书

三、遗愿伦理书

我把现有的一份《遗愿伦理书》草稿放在这里，当作附件 A。在《遗愿伦理书》中，我讲了很多自己有关生活和财富的核心价值观和人生准则。

请认真阅读。

四、离世嘱咐

在我将死未死之际，我希望你能够考虑以下两点：

1. 我特别想停掉自己的公司业务。不过，在缩减公司业务和公司解散过程中，我想继续保留几位执行官和员工，因为我还想让公司回收应收账款，同时再把流动资产划入我的遗产清单中。

2. 我还写了一封信给（丧葬承办人），里面有一些关于我葬礼的嘱咐，详见附件C。我希望有一个简单的葬礼，葬礼上放着动听的音乐，大家满怀快乐。

五、致妻子的信（省略）

六、致孩子的信

亲爱的（孩子）：

写这封信，是想告诉你，我希望你该怎样才能通过我留给你的信托基金获益匪浅。对一个年轻人而言，守着一笔专为自己留下的钱却不能用，其实是一份责任。我希望这份责任可以帮你找寻到一个有意义的人生，而不是让它给你带来伤害。

在我还活着的时候，你的教育和资金问题都由我来决定。我驾鹤西游之后，这份职责便由受托人来承担。

在这条漫漫长路上，我有五件事需要向你特别强调一下：

1. 和你的受托人建立有意义的关系。我有几个至交朋友现在已经同意做你的受托人。这可是一项非常重要的责任。他们有权自行决定什么时候，采取哪种方式在经济上去帮助你。我希望你能和他们建立一种亲密而有意义的关系。你的责任就是找出这些委托人，去了解他们，并且不管在什么情况下，都可以让他们参与到你的规划、期待、梦想以及恐惧等方面。在这个事情上，你最好能尽快行动，而且要经常这么做。受托人的责任是聆听你的想法，关心你的状况，并对你提供指导和帮助。除此之外，他们还要考虑价值取向的问题。在这个方面，我已经对他们提出过要求。请你尊重他们，要知道，他们所做的这份工作非常重要，难度又高，但最终都是为了你。

2. 学会管钱。我走的时候，估计已经把你这份钱放在了信托里。千万别让这笔钱成为你追求幸福的拦路虎。太多人认为手里有点钱就不应去工作，不用去奋斗，不用再担心钱的问题、开支问题、预算问题等等类似的事情。你可别做这样的人。好好学习一下有关“财富”的知识。学习一些有关商业、预算、银行投资的知识。学习一下如何才能读懂一份银行对账单、财务报表、投资报告。做一个储蓄者，做一个赠与者。

3. 接受教育，追求学习。接受一下教育。你是一个聪明、充满好奇的人。当今社会，像你这样的年轻人应该有个研究生水平的学历。除此之外，还要用尽所有形式，去爱上学习，尤其是通过实验性质的环球旅行去热爱学习。受托人应该会出钱帮你完成这些追求。

4. 工作和奉献。找一个有意义的职业，可以最大限度地发挥你身上令人难以想象的天赋。我不是非常重视这份职业在经济上给你带来的回报，也不在乎社会对这份职业价值的看法，但我更在乎你能找到这份职业的真谛和成就感。千万别让自己懒惰，也不要对别人依赖成性。拿出你的时间和财富；我们有责任去帮助不幸的人。和他人一起努力，想办法去帮这些人吧。

5. 处理矛盾。你的受托人以后肯定会时不时地做一些令人难以接受的决定。有时候，信托中不只是对你有利的东西，还有对你妈妈有好处的东西，所以，受托人可能会用后者来平衡前者。还有时候，受托人认为信托中有些内容对你和你妈妈都有利，但受托人也许会让这些东西与银行共同受托人用于投资的东西之间达成一定的平衡。再或者，受托人自己想为你做些事情，而法律或者信托文件也有规定他们该做哪些事，所以，受托人可能还要在这两者之间做好权衡。请理解和体谅受托人。他们这份工作实在太难了。

我爱你，也为你感到骄傲。有你陪伴的日子一直是我最开心的时候。我知道你肯定会飞黄腾达。

爱你的爸爸。

七、致受托人的信

亲爱的(受托人名字)：

我下面的嘱托是最重要的：(1)去了解我的(妻子)和(孩子)；(2)现在就去了解他们；(3)以后和他们建立亲密的关系，做他们的良师益友。这是一个非常宏大的愿望。之后所讲内容的重要性，仅次于它。如果你们之间建立了非常紧密的关系，我相信，后面的事情自然而然会出现的。

除上述内容外，我还有一些其他想法，希望做个分享，帮你们梳理一下：当作为受托人需要做出很多自由决定时，你们应该怎么做。

第一点很明显，就是遵照信托协议的指示做事。在信托分配上，我最关心的是受益人能在经济问题上保持一个平和而安定的心态，不追求多余的财富。在信托投资问题上，你要谨慎做事，保持长线态度。我还为你随附了一份我和(投资顾问)一起写的《投资政策说明书》。公司受托人作为这笔遗产的管理人，需要遵守一定的投资指南，而说明书的作用，就是监督并协助落实这些投资指南。稍后，我会向你进一步讲解每一份信托的职能作用，这样才能为每一份信托制定单独的说明书。

在(妻子)陪伴我的日子里，我的信托的最高目标就是供养我们两人。我驾鹤西去之后，这个目标就成了供养(妻子)的生活。信托所有剩余资产都将归入(孩子)的信托，我不只希望这些资产能照顾她(即孩子)、资助她的教育，还想留给她用来教育自己的子孙。

根据我的信托文件要求，任何时候，都要安排三位个体受托人，如果(妻子)在世，可以安排四位。个体受托人在自己履职能力退化早期，或者年龄达到75岁的时候，应该可以退休了。受托人可以主动解除他/她自己的职责。

我给你安排了一位公司受托人，帮你处理一些比较“困难的工作”：资产投资、法律合规问题、所得税合规、缓解风险、预防债权人觊觎信托资产等。你的主要目标就是维护好与受益人的关系，在信托分配上掌握好自由裁量的尺度。我对遗产规划方案做了一个总结性的概括，具体可见清单 E。我希望你能跟(律师)和(税务顾问)建立良好的关系，不过，你没必要感觉必须要和他们一起合作。

我已经把账给你算清楚了，而且还在信中附上了最近的财务报表(清单 D)、家族预算及资本需求分析报告(清单 F)和公益捐赠记录(清单 G)。所以，通过这些清单，你可以非常清楚地设想，假如我和(妻子)都在 85 岁的时候去世，投资性资产规模应该是______百万美元，另外加上(妻子)去世后剩余的多套房产。这个结果是在保守的长期年化通胀投资收益率基础上，外加______%得出的。

以下是关于将信托分配给受益人的内容：

在把信托分配给受益人的问题上，所有受托人必须做出自己的决定，同时，我希望你能和公司受托人保持良好的沟通。我最大的愿望，就是我们留给受益人的信托基金最终能帮他们提高自己的生活质量，而不是破坏他们的幸福，或者淹没他们的成就感和自我价值。

对信托分配，要保持理智和清醒的头脑。

1. 千万别让受益人对分配得来的资金产生长期依赖。我希望他们成为可以创造价值、培养全方位自我意识的人。如果有人的工资水平非常低，可以用信托资金为他们提供担保，并用分配资金为他们提供资助。

2. 提防可能出现的物质滥用问题，避免出现类似的破坏性行为。为受益人的康复服务买单，积极与受益人达成和解，推动受益人的康复。

3. 在受益人的教育和医疗开支上，要慷慨大方。

4. 支持受益人的国际旅行计划。在我们日常生活之外，还有很多需要学习的东西。

5. 支持受益人努力创业，但一定要小心地缓解风险。如果受益人向受托人提出资金申请，让他们提供一份商业计划书。

6. 受益人购买私人住宅时提出的信托分配，要认真考虑。

我对(孩子)和任何一个孩子的希望是,她可能必须要接受金融方面的教育,参与她/他们信托的运营管理。我希望她在财务决策上能够掌握充分的信息,以免买过多的鞋子,或者乱花钱。我想(孩子)做事要有个理由。拿不出合理的证据,就不要把钱大把大把地发给她。如果她想拿钱去创业或投资,让她踏踏实实去干。

我在(机构名称)设立了一个捐赠人建议基金(Donor-Advised Fund,DAF)。在我快走的时候,我想把这一个基金分成两份独立的DAF。(各个被指定人的姓名)将成为其中一个基金的继承人。将来,他们可以自行决定将这些资金捐赠给慈善机构。另外一个基金将指定(各个被指定人的姓名)作为继承人,并由其自行决定将这些资金分配捐赠给慈善机构。

八、思考和愿望

如果这里没有钱什么事,我也不会要求你们之间建立联系了。虽然我让你们建立关系是因为钱的问题,但我希望,在你们的关系中,最重要的并不是钱,而是人生中真正重要的那份东西。在为自己规划更大的、有意义的人生格局时,要把这块内容放进去。我会在天堂守望,会心一笑。

现在,开始对话吧。我太想和你们每个人坐在一起畅聊了。

祝万事如意!

(签名)

附录二　有关瘾癖症的信托语言示例

摘自比尔·梅辛杰《受托人手册:解决受益人群体中存在的瘾癖症问题》中的“家族治理的文档模式语言:物质使用障碍以及/或者精神健康问题篇”(本引用已得到作者许可,版权所有)。

受益人或家族成员在酒精、毒品、其他行为以及活动,或者精神健康问题等方面可能表现出难以控制的情况时,建议采用下述语言,禁止其接触信托标的资产或者收入。

受益人存在物质使用障碍、其他障碍疾病以及精神健康问题时,受托人的权限如下:

1. 即便本信托协议另有约定,但受托人有权自行截留信托收入或者信托标的资产

(1)凡受益人出现或者可能出现下述第 9 条界定的状况,包括(多)物质使用障碍、(瘾癖症)、其他障碍疾病、强迫性或破坏性言行、精神健康疾病或问题,或者以上任何组合症状,即便前文有关于信托收益和标的资产分配的约定,受托人仍有权自行截留分配给该受益人的信托标的资产、信托收入或者其他可提取的信托分配。

(2)上述标的资产、收入或者已明确提取的信托分配将一直由受托人保管,直到受托人认为该受益人从(多)物质使用障碍、(瘾癖症)、其他障碍疾病、强迫性或破坏性言行、精神健康疾病或问题,或者以上任何组合症状中康复(“康复”见第 6 条的定义)。受托人可自行决定将截留的任意

规模标的财产、收入继续留在信托内，不将其分配。但是，为了实现本附录约定的信托目标，受托人有权动用信托收入和标的资产。

(3)若在恢复该受益人所享有的强制信托分配或者提取权之前，受益人去世，则由本部分所约定的该受益人的替代受益人持有此前被中止的强制分配余额。

(4)在中止强制信托分配期间，根据信托授予的独立受托人唯一且绝对的裁量权以及本附录约定的自由分配权，本信托将接受受托人的自由裁量管理。

2. 雇用并依靠专家落实本附录约定的权限

(1)受托人有权雇用并留用擅长处理下述第9条界定的物质使用障碍(瘾癖)、其他障碍疾病、强迫性或破坏性言行、精神健康疾病或问题或者以上任何组合症状的专家，并听取专家对本附录所涉及的任何话题、问题或者决策等方面的建议。受托人可指定专家，代表受托人自己收集信息或者执行任务，进而落实本附录的约定内容。

进一步讲，受托人可以聘请专家，由专家推荐综合治疗方案以及治疗后康复计划[要符合第(2)和第(3)小段提出的标准]，监督并落实以上康复计划。受托人还有权将针对瘾癖症飞行员和内科医生的康复计划纳入针对受益人的监督计划(或者万一没有飞行员或内科医生康复计划时的类似计划)。

此外，受托人有权聘请专家，听取专家在拟定、签署协议文件(康复合同)方面的建议。协议双方分别为受益人和受托人。受益人将在协议中列明各项康复活动，包括该信托直接或者间接资助的活动。

(2)受托人在应用禁断式药物依赖治疗模型并得到卫生保健组织认证联合会的认可时，有权采纳并依据口碑良好的治疗中心提供的专业诊断，针对受益人存在的可疑或者真实的物质使用障碍疾病(酒精/药物依赖或者滥用)提出评估意见、建议以及治疗方案。受益人存在其他障碍疾病、强制性或者破坏性言行、精神健康疾病或问题，或者以上组合症状时(见后文第9条)，受托人拥有类似权限。

(3)受托人可自行决定采取何种类型的治疗中心或者其他治疗措施，例如，监控式住所、过渡住所、新康复患者的“清醒屋”(sober homes)，如有需要，还包括野外体验计划。但是，以上所有治疗措施需按照适用的州级指导原则和标准(见前文)持证操作。凡受益人安排的专家，均需按照适用的州级标准和指导原则取得执业证书和证明，随同一起的，还包括职业人士。职业人士得到授权后，才能开出美国成瘾医学协会(American Society of Addiction Medicine)认证的处方药，或在该协会认证的职业人士直接监督和指导下，开出处方药。

3. 受托人在干预、治疗和康复环节中有关费用开支的权限

受托人可全权自行动用信托资金，征求落实本附录约定内容的相关建议。以此，受托人在受益人可能存在物质使用障碍(酒精/药物依赖或者滥用)或者在接受治疗后频繁使用酒精或者药物时(旧病复发)，制订并实施干预方案。在该权限下，受益人的治疗、治疗评估和所有相关费用，治疗后的康复计划，以及受托人自行认定的所有适当事宜，均可由信托资金承担。本条(即第 3 条)内容同样适用于下文第 9 条中界定的其他障碍疾病、强迫性或破坏性言行、精神健康疾病或问题，或者以上任何组合症状，包括不服从治疗方案的行为以及旧患复发。

4. 受托人在接收治疗报告，征求受益人同意，以及公布信息等方面的权限

(1)受益人是否正在参与、是否已经圆满完成经过审核且适用于受益人的治疗计划，以及/或者是否加入了积极的康复计划，受托人(以及/或者她/他的指定人)在判断这些问题时，有权从顾问、参与任何治疗计划的工作人员、赞助方以及所有健康护理职业人士或者其他向受益人提供帮助的人等收集报告。

(2)除此之外，对受托人(以及/或者他/她的指定人)批准的所有治疗计划和健康护理职业人士的建议，受益人必须全部服从。为确保受益人完全服从本条(即第 4 条)约定，受益人必须签署同意书，允许将全部信息向受托人公布。如果受益人未能签署全部的授权文书，则根据下文第 6

条对“康复”的约定，该受益人并未进入“康复期”。

5. 酒精和药物检测

(1)受益人在前两年恢复期(同上文提到的第 6 条)内，以及/或者如果受益人对他/她自己正在使用酒精或者药物提出争议，受托人(以及/或者她/他的指定人)可借助一家可靠且持证经营的检测公司，对该受益人进行随机的药物检测。不管本附录中其他任何条款如何规定，只要受托人认为此类检测值得提倡，则受托人(以及她/他的指定人)有权要求继续执行此类检测。检测结果应该全部及时地提交给受托人(以及/或者她/他的指定人)。

(2)此类检测必须在药物检测机构工作人员或者他们的指定人的监督下进行。检测内容可以包括但不限于头发、人体组织或者体液的实验室检测。

(3)在受益人同意接受检查、同意将全部检测结果提交给受托人之前，受托人可自行通过决定裁量权，全部或者部分中断所有信托分配，否则，这些信托分配将会根据要求或者经同意后派发给受益人。

6. 康复期——至少两年

(1)康复期，指的是最低不少于两年的持续清醒状态(包括远离麻醉性处方药品、药物、酒精，以及不出现其他成瘾性或者强制性言行或者使用障碍症)以及/或者两年内持续坚持治疗计划，以防出现精神健康问题。只有美国成瘾医学协会认证且符合受益人康复计划要求的职业开药人士开出的药品才能满足上述康复期的定义。

康复期的定义还包括(但不限于)，受益人坚持参与受托人或其指定人确定的某项康复计划，即用于解决与物质使用障碍(成瘾)、其他障碍疾病、强制性或破坏性言行、精神健康疾病或问题，或者任何以上组合症状(详见下文第 9 条)相关的问题。(例如，参加“十二步骤”康复计划*，或者

---

* “十二步骤”康复计划，即 twelve-step program，由美国匿名戒酒互助社(Alcoholics Anonymous)提出，并于 1939 年在《匿名戒酒互助社：饮食男女如何脱离酗酒旋涡》(*Alcoholics Anonymous: The Story of How Many Thousands of Men and Women Have Recovered from Alcoholism*)中首次使用。

其他自助团体、治疗计划、病例管理见面会；避免接触会致使旧患复发的高敏感环境；遵守康复计划、建议或者约定协议）。

（2）如果受益人此前有旧患复发的记录，且现在不配合实施治疗计划，或者未能积极参与康复计划，可以将该受益人最低两年的康复期延展。展期由受托人自行决定。

（3）如果受益人还没有结束最低两年的康复期或上述展期，受托人可自行代表受益人，提取一定数量的信托收入及/或标的资产，用以资助受益人的康复治疗计划。反之，受托人不会资助可能致使受益人旧患复发的系列活动。在落实本条（即第6条）约定时，受托人有权听从专家建议；否则，受托人可以根据本附录所允许的权限，自行执行第6条约定。

7. 康复期的开始日期

受益人在已经圆满结束药物依赖型住院病人的初次治疗（或者其他癔癖症或精神健康疾病相关的治疗）以及任何后续长期的治疗计划、过渡住所、“清醒屋”或者野外体验计划之后，可视为开始进入康复期。（受益人开始接受治疗之日不是康复期的开始日；但受益人圆满结束门诊病人治疗，或者离开监控型或者约束型环境之日，可视为开始进入康复期。）

8. 面向配偶、子女或其他家族成员的信托分配

如果受托人截留或者限制了受益人的信托分配，受托人有权为了照顾受益人的利益，将信托分配给受益人有义务赡养但尚未赡养的对象，例如，受益人的配偶、前配偶、子女或者其他家族成员。

受托人根据自己的判断，有权通过其他分配方式，向以上群体提供赡养安排，包括支付辅助人员和第三方服务的报酬，以便维持他们原有的个人生活方式。

如果上述群体中有人符合下文第9条的约定条件，受托人有权向其提供本附录列明的服务。如果此类人群因为受益人的行为达到了第9条的约定条件，所以提出治疗或者其他形式的协助需求，此时，受托人有权向其提供本附录列明的服务。

9. 物质使用障碍或者滥用，以及其他癔癖症/障碍疾病的定义

“受益人存在或者可能存在物质使用障碍(前期依赖并/或滥用药物或酒精)、其他障碍疾病、强制性或者破坏性言行、精神健康疾病或问题(包括精神疾病和精神错乱)或者上述任何组合症状。”这段话的含义应该与DSM-V-TR(即《精神疾病的诊断和统计手册》)* 中的定义相同。DSM-V对“酒精使用障碍”的诊断标准详见本附录结尾。如果要反映最新的医疗资讯以及/或者第2条中被认可的职业人士的可靠研究成果,可对上述定义进行修正。

10. 保护、免责条款以及双重责任

(1)受托人(以及受托人雇佣或留用的任何职业人士、顾问、助理或者其他人,包括他们的商业实体)在履行本附录约定的受托人判断和权限职责时,均不受信托财产的影响,包括受托人未能要求受益人提交医检报告、将中止的信托分配派发给受益人。该保护条款包括针对受托人或其雇用及/或留用的人,由受益人或者受益人代表直接或间接提出的任何指控。如果出现此类指控,被指控人可以要求信托出面为其辩护,或者要求信托向被指控人提供资金,用于他/她的辩护。

(2)让与人的意图并非使受托人(以及受托人雇用或留用的任何职业人士、顾问、助理或者其他人,包括他们的商业实体)对受益人的行为或福利向任何人负责。

(3)受托人没有义务去调查受益人是否使用药物或者其他物质,但如果受托人通过环境因素或者直接证据了解到受益人当下存在第1条列出的行为,即受益人存在第9条列明的物质使用障碍或可能存在其他使用障碍,或者存在精神健康问题,或者上述疾病的组合症状,可以期待受托人发起本附录中列明的调查工作。

(4)受托人同时拥有家族成员和受托人双重职责时,有权将作为家族成员通过受托人角色所获取的信息一同和受益人以及该受益人的亲戚们探讨,以此提升受益人的福利水平。

---

* DSM-V-TR:美国精神病学学会于2013年5月18日发布的第五版《精神疾病的诊断和统计手册》。

11. 信托分配截留期间的其他禁止行为

(1)如果受益人的分配被中断或者截留,如本附录上述所讲,则该受益人应该自动被取消享受服务的资格。如果条件允许,该受益人必须立刻停止担任受益人、受托保护人以及其他受益人有可能担任的职务,不得免除或者任命任何受托人或信托保护人。

(2)截留或者中断派发给受益人的收益,足以让该受益人暂时或永远不能担任家族其他职务或者参与家族其他活动。如果受益人对中断或终止的结果提出异议,受托人有权向合适的家族治理机构或权威组织公布有关该受益人存在瘾癖症的信息。

(该部分语言可以进行调整,用于商业、继承、管理、不动产所有权、家族办公室以及慈善管理文件。)

信托保护人条款:瘾癖症治疗出现调整或者其他情况,表明有必要对本附录做出修改时,建议通过信托保护人的允许来修改本附录。

酒精使用障碍 DSM-V

定义详见第五版《精神疾病的诊断和统计手册》(DSM 5, 第 490 页)。

诊断标准

问题性酒精使用模式会导致临床显著的功能性损害或苦恼,在 12 个月内至少满足如下标准中的 2 条:

1. 酒精服用剂量或者服用期远超原有计划。
2. 存在持有戒酒或控制饮酒的欲望,或曾经尝试,但不成功。
3. 大量时间花在获取酒精、使用酒精或者从中恢复的活动上。
4. 渴望或者极想或者迫切地想使用酒精。
5. 反复使用酒精,导致不能承担工作、学校或者家庭中的重大职责。
6. 尽管酒精使用导致或者加重了社会或人际关系障碍,但仍持续使用酒精。
7. 使用酒精导致放弃或减少重要的社会、职业或娱乐活动。
8. 在存在身体损害的情况下继续反复使用酒精。
9. 尽管知道酒精极有可能已经诱发或加重了持续或反复的人体或心

理问题，仍然坚持使用酒精。

10. 耐受性，定义为符合如下二者之一：

(1)为达到醉酒状态或者实现内心极度渴望的效果，需要大幅增加酒精使用量。

(2)持续等量地使用酒精所带来的效果显著降低。

11. 戒瘾，如下二者之一所示：

(1)酒精的戒瘾综合症状特点(参阅第 499～500 页列明的酒精戒瘾的诊断标准：诊断标准 A 和 B)。

(2)使用酒精(或者近似物质，例如苯二氮)减轻或者避免戒瘾综合征。

如出现下列状况，请详细说明：

早期缓解阶段：此前满足酒精使用障碍的所有诊断条件之后，至少在 3 个月，且少于 12 个月内，再也没有符合任何诊断条件的症状(例外情况，诊断条件 A4："渴望，或者极想，或者迫切地想使用酒精"可能还会满足)。

持续缓解阶段：此前满足酒精使用障碍的所有诊断条件之后，在 12 个月或以上时期内的任何时间，再也没有符合任何诊断条件的症状(例外情况，诊断条件 A4："渴望，或者极想，或者迫切地想使用酒精"可能还会满足)。

如出现下列状况，请详细说明：

在可控环境下：如果个人是一个限制接触酒精的有机环境，该条声明可以使用。

如出现下列状况，请详细说明：

305.00 (F10.10) 温和：出现 2～3 条症状。

303.90 (F10.20) 中等：出现 4～5 条症状。

303.90 (F10.20) 严重：出现 6 条以上症状。

"物质使用"确诊后的前 12 个月，患者极容易复发，所以，这段时期被定义为"早期缓解阶段"。

附录三　分配委员会

本书中，我们提出了很多重要的新观点，其中之一便是分配委员会。分配委员会是一个全新而且非常重要的概念，所以，我们在本附录里将更加深入地探讨这一概念中的关键内容，并对新设立的或者现有信托提供一些编制建议。

分配委员会并非信托系统圈中随便的一个元素。它把贯穿本书的几大重要主题衔接到了一起：

- 创建信托唯一最重要的原因，就是以爱的馈赠形式实现受益人真正的自由。
- 鉴于以上目标，这就意味着，受托人的最高职责就是帮助受益人做好准备，万一信托终止，信托资产明天就要分给这位受益人，受益人需要拥有一定的知识储备，要有成熟的气质，有能力接收并照管好信托资金。
- 现实问题就演变成如下问题：受托人以及其他责任方，如何确保这份信托以及该信托创建或调整的各类关系能够提高受益人的生活水平？

核心概念

我们在第十九章和第二十章讲过，设立分配委员会是为了加强信托的分配功能。这样（正如某人所希望），信托系统圈就能实现它的终极目标：提高受益人的生活质量。

分配委员会的唯一责任就是在受益人申请信托分配时，向受托人提供相关建议。为了完成这一任务，分配委员会的委员们必须是非常主动积极的人。也就是说，在受益人提出信托资金申请之前，委员们愿意花时间去熟悉每一位受益人的情况。这与很多受托人的被动反应恰恰相反（“当申请摆到我桌子上的时候，我才开始想分配的事情。”）。

当受益人在考虑申请信托资金时，委员将会主动去了解申请的背景和原因。根据当时所谈问题的复杂程度，受益人和委员的谈话可能非常简短，也可能聊很久。具体看受益人的需要，也许这样的谈话是一次指导受益人的好机会。在第十三章和第十四章，我们介绍了如何开展富有成效的结构化对话。

委员的目标是：(1)帮助受益人厘清他/她自己的思路；(2)帮助受益人思考，批准这次申请是否可以在某个方面提高自己的生活质量。在第14章，我们讨论过“提高”的含义。在此，我们重新强调一下，受托人眼中“提高”的含义，是会根据受益人不同人生阶段而发生改变的。

在思考某一项分配申请时，我们强烈要求分配委员会的委员们要认识到他们的“叙事技巧”可能会影响到他们的分析。最重要的就是要对受益人公开、坦诚、透明。

结束和受益人的谈话后，委员们将会告知受托人受益人的想法，并提出自己的建议。

重要的一点，需要注意：分配委员会是向受托人负责的，不是受益人。在这一点上，分配委员会和投资委员会类似。投资委员会借助自己的投资知识，向受托人建言献策，买入什么，卖出什么，但投资委员会自身并不参与实际买卖操作。它只是受托人完成自己职责的一种手段。对分配委员会而言，道理也是一样的。分配委员会并不批准或拒绝具体的分配申请，受托人才有这种权限。分配委员会负责去掌握受益人的信息，然后利用这些信息，在上述这个极其重要的职责问题上，向受托人建言献策。

分配委员会的委员

虽然信托的技术知识可以在申请加入分配委员会时为申请人加分，但筛选委员的关键条件并不在于这些技术知识。分配委员会通常由一个及以上的人组成。他们都是有想法的人，可以提出各种各样的问题来丰富与受益人的谈话。设计这些问题的目的，在于启发一些创新的观点，激发求同思维或者分散思维，但这也要视情况而定。

分配委员会委员的第二个常见特点，就是他们能在仔细聆听受益人的观点后再做反馈。

第三个特点就是委员们都具备自我意识和高情商。

无论是你最信得过的顾问，或者信得过的朋友，还是深知家族成员和委员双重身份存在内在矛盾的家族成员，对他们而言，做分配委员会的委员将是一件非常重要的工作。

对很多读者来讲，以上素质似乎也很适合个体受托人。不过，现实情况是，具备这些素质的个人通常不愿意做受托人。拒绝的理由有很多，可以随便挑一个。有人是因为嫌弃投入的时间太久；有人是因为缺乏履行受托人职责的相关知识或技能；还有人则是怕承担受托人面临的潜在责任。

如果分配委员会只是单纯地用于出谋划策，不为最终决策承担责任，委员们可能就不会再面临信托负担。信托分配的最终决策责任由受托人承担，这是一条红线。分配委员会是受托人的智库，协助受托人理智、圆满地完成分配任务。委员会能把信托分配做得如此贴近生活，而且还不给自己带来任何信托负担，这项能力让家族里最令人信任的领袖、朋友，还有家族顾问都想加入分配委员会。

分配委员会既可以是一个成员，也可以有多个成员，甚至，委员会里还可以包括受托人雇用的公司信托管理人，因为这些人懂前面讲到的必要的心理学和信托系统圈知识。

编制建议

我们在从业生涯中接触过一些不错的信托操作，所以，想根据这些经验，与打算编制信托文件的人分享一些指导意见。我们并不想把下面的评论写成一种法律意见，也不希望它们取代能力出色的顾问根据你家族具体情况而提出的建议。

理想情况下，分配委员会的设立是信托文件授权的应有之意。这样，受托人就可以放手与分配委员共享信息、支付委员们劳动报酬。

将分配委员会纳入信托文件，还有一个原因：把分配委员会的工作与包含着全部信托目的的详细约定衔接起来。比如，我们通常建议信托创立人在他们的信托开头写上这么一句话："这是一份爱的馈赠。它的存在，是为了提高受益人的生活质量。"这些话足以让受托人和分配委员会有权大胆、大手笔地去安排信托分配，提高受益人的生活质量（而不是补贴给他们"稳妥的"年金）。

最后，把分配委员会纳入信托文件，证明在整个信托存续期间，委员会也会存在。只要信托的分配职能一直在，受托人就有权与分配委员会接触。

如果现有信托中没有分配委员会，也许可以通过司法调解协议、司法调整或"过酒换瓶"等方式，甚至通过极具影响力的信托保护人，把分配委员会加到信托工具中。（更多关于如何调整现有信托的内容，可参阅第十七章。）另外，也许受托人自己还想组织一个分配委员会。再讲一遍，受托人不会把自己承担的信托职责割让给分配委员会。

受托人不大可能在很多年里一直评估自由分配申请，所以，分配委员会的委员名单就大可不必白纸黑字写在信托里。随着信托分配时间临近，根据信托文件的规定，信托创立人、受托人或者独立的第三方都有权委派分配委员会的委员。我们建议，委员的任命可以先征询主要受益人（们）的意见，虽然分配委员会服务的是受托人，但成立委员会却是为了获取受益人的信息。

一旦分配委员会成立并运转起来，按照惯例，每一个委员都要指定他/她自己的继任者，而且要征求受托人和主要受益人(们)的意见。为确保分配委员会的连贯性，现任委员们有权审批提名的继任委员。如果现任委员没有批准，那么，任命继任委员的权力就回到受托人手里，而且要征求主要受益人的意见。受托人之后做出的任命决定不得更改。

根据主要受益人或分配委员会其他委员们的要求，受托人有权免除分配委员会的委员。

对分配委员会的委员们而言，了解受益人可能需要花费很长时间。我们发现，委员 5 年一届，可以确保信息的连贯和稳定。同时，考虑到委员们以及受益人自己的生活变故，一届委员的合理期限最好不超过 2 年(累计最多 10 年)。还有一个理智的约定，即委员们在 70 岁必须离岗。在受益人不同人生阶段配置不同的委员，这很正常。分配委员会应该随着受益人的自我进步、提高而进步。

我们建议，分配委员会每 3 年接受一次由受托人、信托保护人(如有)和主要受益人组成的专家组评审。专家组保护着受托人和受益人之间的关系，并对两者关系的健康状况做全面审查，而审查分配委员会只不过是其中一部分，或者是它自己独立的一项任务。审查分配委员会是为信托保护人在整个信托系统中发挥他的裁断/调解作用进行铺垫。

设想一位受托人一直都在忽视或者拒绝分配委员会的建议。分配委员会只是一个纯粹的咨询机构，所以，无权否定受托人的决定。根据我们的模型(见第十九章和第二十章)，这个时候，信托保护人的裁断作用就格外重要。如果受托人根本不理睬分配委员会在和主要受益人交流后提出的各项建议，那么，很可能受托人与受益人之间就会出现裂痕。此时，受益人需要起用信托保护人去调查具体情况，如果有必要，可免除这位受托人。

根据我们的模型，信托保护人也得主动了解受益人，摸清他/她提出的分配申请的状况，并与受托人探讨这些分配申请。然而，分配委员会与我们提出的模型中你可能想找到的信托保护人相比，二者所需的素质非常接近，但它们的作用是绝不能捆绑在一起的。信托保护人以后发挥的是一个职能清晰的审判员的作用。

如果最后发现分配委员会无法组织起来，那么，也许可以将分配委员会的一些类似职能安排给受益人办公室（见第十九章和第二十章）。受益人办公室可能与分配委员会配置一模一样或者类似的人员。受益人还可以要求受托人和受益人办公室联手处理与自由分配相关的所有问题。

附录四　私人信托公司

有些家族非常想把自己的财富攥在自己手里，确保它们能在家族生涯中发挥积极的作用。然而，采用个人信托无法实现这样的想法。对这些家族而言，私人信托公司可能是一个非常理想的信托工具。在附录四，我们会从整体上介绍私人信托公司，它的组成部分和职能，以及私人信托公司可能会被用到的几处地方。私人信托公司和信托一样，结构庞杂。它的表现形式和职能很大程度上取决于所在的辖区和适用的经营协议中的具体约定。请找擅长处理私人信托公司的法律顾问，咨询如何调整这种工具，使其适用于你自己的家族环境。

定　义

如名字所示，私人信托公司是公司而不是信托。它的作用是为家族信托充当受托人。所以，对个体受托人或者其他机构受托人而言，私人信托公司是一种替代或者补充。私人信托公司中的"私人"二字，表明该公司之所以存在，是因为它担任着某个特定家族信托的受托人，并且公司归这个家族所有。其他商业信托公司通常服务于很多家族，而且所有权分散在大量的利益相关方或者股东手里。由此可见，私人信托公司与其他商业信托公司的区别非常大。

和其他公司一样，私人信托公司要想开展业务，必须先在允许开展此项业务的州注册。有些州已经制定法律，对在本州申请营业执照、成立私人信托公司的程序进行管理。每个州的程序各不相同。通常，私人信托公司须按照（注册地所在州的程序）要求，确保至少有一位经理人住在该州境内。一般情况下，程序还要求获批成立的私人信托公司通常应该准备数百万美元的保证金，以便公司出现大面积亏损或者赔偿时能够保障客户和其他利益相关方的权益。除上述要求外，根据成立地区所在州的规定，私人信托公司还面临着严格程度不一的其他规定，包括向地方州的有关部门汇报它们的财务和经营活动信息。私人信托公司根据自己的经营业务，可能还会持有联邦政府证券或者接受银行申报要求。

简而言之，私人信托公司虽然专注于为某个家族的福利提供私人服务，但它的经营范围却属于复杂且监管严格的金融领域。私人信托公司如果想实现自己理想的目标，那么，在它的经营管理中就需要接受合理的咨询建议和监督。

私人信托公司与个体受托人的比较

私人信托公司是一个由家族自己成立、持有并控制的公司，所以，出于控制信托的原因，多数情况下，家族会选择成立私人信托公司。通过它，家族可以将个体受托人全部换成一个机构受托人，也就是私人信托公司。私人信托公司往往被家族视为“最可靠的”受托人，而家族信托则成了这个公司的“信托客户”。

家族选择私人信托公司，而不是个体受托人，具体的缘由有很多：

1. 极难找到深得家族信任，熟知家族情况、家族价值观和家风的个体受托人。

2. 即便找到，个体受托人的寿命有限——他们可能会越来越迟钝，或者完全丧失行为能力，然后去世。

3. 免除一个受托人，或者某受托人去世，需要重新寻找新的受托人。

然后,新受托人必须接受培训,了解这个家族及其信托。这需花大量时间,而前任受托人与这个家族建立起来的亲密度,往往在这段时间里会被冲淡。

4. 选择私人信托公司的家族,大部分会委托出很多的信托。个体委托人,无论如何组织安排,都无法像私人信托公司一样利用规模经济,同时监管数十份甚至数百份信托。

5. 个体受托人还往往受到心有不满的受益人起诉。很多个人——特别是那些做了很久,而且有成功经验的资深人士——正是由于这个原因才不愿意做受托人。

6. 一个受益人,即便在追求自己利益时被误导,也可以通过自己的申诉,对个体受托人造成强烈的干扰。

相比之下,私人信托公司不会死亡,也不会残疾。拥有私人信托公司的家族的确需要可信赖的个人来担任公司的经理人。然而,即便一位经理人离开,引入另外一位新经理人,私人信托公司仍然可以保留自己的"制度记忆",从而确保经理人之间的平稳过渡。私人信托公司在性质上属于有限责任公司,因此,私人信托公司的所有者以及经理人都可以免受来自受益人提出的无端指控,称他们未能遵守信托职责(诈骗或者有意忽视的情形除外)。私人信托公司接受经理人委员会的治理,而这些经理人并不依附于家族,所以,不管那些被误导且分散的受益人提出何种私人议案,这些经理人受到的影响都会少很多。

下面所讲的内容可以从私人信托公司及其经理人的法定地位上得以印证。个体受托人一般会受大量情绪化反应的影响,蒙蔽他们的判断。无论是结构层面,还是法律层面,私人信托公司都是独立存在的实体,所以,它在运行时就能避免情绪影响。另外,对信托受益人而言,个人受托管理信托,就要承担受托职责:个体受托人的责任压力便来自这份职责,而且会因此担心自己可能面临不满意的受托人提起的诉讼。相比之下,私人信托公司(受托人)对自己受托管理的信托受益人负有受托责任,而公司经理人则无需承担这种责任。他们的受托责任对象是私人信托公司本身。私人信托公司的经理人和受益人并没有任何关系，所以，他们更不会因为害怕承担对受益人的受托责任而采取行动。的确，可能有怒气冲冲的受益人会起诉私人信托公司。但是，在这类诉讼中，不大可能会裁决与信托资产相关的问题。

如上所述，私人信托公司属于机构受托人。不过，这并不意味着它必须独自具备受托人的全部职能。私人信托公司可以与按照指示去承担受托人行政管理职能的（商业）机构受托人合作。这样，它就可以集中精力做好投资管理和信托分配。通过这样的合作，每一个共同机构受托人都可以做好自己擅长的领域。

公司治理

私人信托公司接受经理人委员会的治理，其中经理人包括家族成员和独立于家族的个人（即非家族近亲的个人，否则，会受家族的约束）。私人信托公司负有信托职责，包括接受、管理和终止公司信托"客户"，而经理人的任务，就是监督公司的职责履行情况。独立经理人（即便存在家族经理人，但此处指的并非家族经理人）有权、有责任治理私人信托公司以及公司信托客户名下的实体机构。还有一点非常重要：独立经理人有权、有责任从信托客户手中自由安排信托分配。家族选择私人信托公司而不是其他机构受托人，其中一个主要原因，就是家族能够精挑细选经理人委员会。特别指出的是，这项选择自由可以让家族任命具有丰富专业技能和知识，懂得维系信托关系质量的经理人。

受益人的主要问题之一很可能是"谁决定我能不能拿到信托分配资金？"对私人信托公司而言，肯定是公司的独立经理人有决定权，但是，百分之百的法定分配情形除外。

作为一家公司，私人信托公司自身亦有所属。大多数情况中，私人信托公司的所有人是一份信托，而这份信托的唯一目标其实就是充当私人信托公司的所有人。这份"所有人信托"(owner trust)，或者说，私人信托公司所有人的受托人有权任免公司的经理人。所以，该受托人在整个“私人信托公司——家族”系统中占据着非常重要的地位。此外，“所有人信托”通常有权任命他/她的继任者，确保公司监管和治理的代际平稳交接。

私人信托公司以其清晰的公司所有权结构，为家族清楚地掌握公司的治理情况提供了方便。随着家族的不断壮大，家族业务或者信托变得越来越复杂，常常很难得知由谁去做决定、该如何决定。私人信托公司不会消除可能存在的会影响最终决策的争执问题。不过，如果结构安排合理，私人信托公司可以确保所有利益相关方——受益人、私人信托公司的管理人、经理人以及“所有人信托”的受托人——清楚整个决策过程，知道谁是决策人。

绝佳的操作方式

还是那句话，私人信托公司作为一个企业，必须按照企业管理的方式去经营，要有合理的会计和财务保障，密切关注税收和投资法律、制度和规章。私人信托公司经理人需要清楚受托人的传统职责，(如果他们正在负责监督信托分配)有能力独立裁断。我们不会在这些问题上花太多时间，对金融企业而言，它们都是很常见的问题，所以，我们更希望讲一讲从特别擅长利用私人信托公司的家族身上观察得出的几种绝佳操作方式，确保这些操作能在家族生活中发挥出它们的积极作用，而且代代如此。

第一，由于私人信托公司中存在很多利益相关方，所以，一个绝好的操作就是每年或者每半年召开一次会议，与会者包括私人信托公司信托客户的受益人、私人信托公司的经理人以及“所有人信托”的受托人。经理人和信托所有人可以借此会议分享他们过去一年的工作感悟，询问受益人以及其他家族成员存在的问题、顾虑，了解他们对提高私人信托公司的办事效率有何建议。反过来讲，受益人和其他家族成员也可借此会议对经理人过去一年的工作表示认可。受私人信托公司的形式结构所限，经理人和信托客户的受益人之间很容易出现彼此互不沟通的情况。互不沟通，则受益人满腹狐疑，经理人虚耗精力。召开这种年度或半年度会议不仅使受益人消息灵通，还能让经理人铆足干劲。

第二，有用的操作方式是，要像私人信托公司的经理人在做重要决策，包括自行决定信托分配时，能够利用家族价值观和家风一样，去彻底了解这个家族的价值观和家风。往往一个家族的历史就是一个丰富的宝库，从这里就可以参透这个家族的价值观和家风。当私人信托公司的经理人领悟了家族历史，他们在做决策时便可以将家族价值观与自己良好的判断力和经验融合起来。在本附录，我们通过一种形式，借助“家族信托评估”工具(详细内容将在附录五中介绍)，介绍了一套读懂家族史和家族理念的流程。不管是什么形式，只要效果好——家族信托评估，财富创立人的意向书或意愿书，“道德遗嘱”或者视频遗嘱。重要的是，能确保这个家族的价值观和家风融入私人信托公司的治理以及结构管理中。

第三，千万不要忽视所有人信托的受托人的作用。他/她管理着私人信托公司其他所有部分。私人信托公司所有权往往归属于一份信托，作为这份信托的受托人，考虑到他/她享有的权利和承担的责任，此人(或者一个群体)很可能成为这个家族每一代的领袖。采用私人信托公司的家族务必确保公司所有人信托的受托人熟悉家族家风和价值观，熟知家族历史。这也是一种非常好的操作办法。随着时间推移，有些家族中极少有成员在私人信托公司里担任经理人;他们反而更愿意承担所有人信托这种级别的责任。

第四，接着上一点，如果绝大多数家族成员认为自己和私人信托公司的运营以及决策脱节，那么，该私人信托公司的结构即便极其健全，也无法正常地运转。所以，我们讲的第一个绝佳操作就是要召开年度或半年度会议。想利用好这个操作，还有一点很重要:家族成员不仅要见多识广，而且要能实际参与。鼓励家族成员的参与，关键在于让他们讲清楚这个私人信托公司的使命或者远景。这种事不一定每年或每几年都要做一次。但是，至少每一代家族成员都应该有这样的认识：自己这一代的想法已经融入了私人信托公司的使命或者远景中了。常言说：芦苇虽弱，随风而屈；橡木坚强，遇风却断。私人信托公司应该像芦苇一样，有足够的灵活性去接纳每一代家族成员的新观点和新思路，而不是一味地打压新观念，最后对簿公堂。

第五，延续上述第四点的精神要义，一个管理有方的私人信托公司往往会成为推行家族教育的理想场所，因为它完全可以设计并推行家族的教育计划。家族财富教育计划包含很多方面，其中有：

● 私人信托公司的目的、治理和管理。

● 家族和私人信托公司之间存在的分歧，包括对经理人（含家族成员担任的经理人）业绩和报酬期望的分歧。

第六，也是最后一条，成立私人信托公司就有机会把一个强大的教育代理人——受益人办公室——引入整个系统中。我们在本书第四部分刚介绍过受益人办公室，以及实际上完全可以充当私人信托公司经理人委员会的分配委员会，所以，我们在此不再重复。我们提到受益人办公室和分配委员会，是因为它们和私人信托公司的结构安排的确特别契合。记住：每一个受益人必须选择“启用”（并支付报酬给）他/她的受益人办公室。然而，私人信托公司可以先把各项计划和资源准备妥当，以备某个受益人做出选择。

顺便讲一些题外话，现在既然有了私人信托公司，那么，我们在第二十一章所讲的发挥“审判员”作用的信托保护人似乎就没必要存在了。毕竟，私人信托公司被家族牢牢掌控着，可想而知，它的核心使命就是要培养家族的实力。然而，“这个家族”连带着它的私人信托公司，并不一定支持每一个受益人的观点，所以，我们坚持认为，找一位聪明且信得过的信托保护人仍然十分重要。在受益人和私人信托公司出现纠纷的时候，这位信托保护人便可以起到裁决作用。如果受益人想要腾飞发展，必须有人知道他们的想法才行，而确保他们的呐喊声被人听到的最后一道保障，便是“审判员”——信托保护人。

总而言之，对一些家族而言——通常拥有很重要的家族企业以及力求掌控多代财富的强烈欲望——私人信托公司是一个非常高效的手段。它终归只是一套手段而已。家族成员和独立经理人在培养各自思考力以及合作能力上花费的时间，决定了私人信托公司能否发挥出积极且令人满意的作用。

附录五　家族信托评估

评估目的

睿智咨询研究联合公司(Wise Counsel Research Associates)提出的“家族信托评估”为家族领袖在设计或者重新设计复杂信托系统方面提供了很多指导意见,目的就是把家族价值观和家族史融入这个系统中,为未来几十年家族兴旺发达提供结构支持。多代际信托、家族办公室以及/或者私人信托公司,都可以使用“家族信托评估”。

评估内容

“家族信托评估”的具体内容,对每个家族而言,都是不同的。但整体上讲,它主要包括以下几点:

- 家族史概要:内容包括历任以及现任家族领袖的简短传记。
- 家族企业史和慈善史。
- 对比较突出的家族价值观的概述。
- 对现有信托系统的介绍,包括系统架构、相互关系以及成本问题。
- 对信托系统设计和家族教育的一些建议。

评估过程

编制“家族信托评估”的具体内容，我们的顾问需要：

- 采访家族领袖。
- 研究已出版及未出版的家族史和家族企业史的记载。
- 评估现有信托结构和文件。

我们的咨询建议是有依据的。几十年来，我们服务过很多豪门大户，而且目前正对家族企业研究绝佳的操作经验。这些都是我们的依据。另外，我们的书，包括彭博出版社出版的《家族财富》、《馈赠周期》和《新生代之声》以及 Trustscape LLC 出版的《值得信任》，也是我们的建议的参考依据。

为什么要做家族信托评估？

通过“家族信托评估”，富有开拓精神的家族往往会遇上威胁他们家族长久不衰的麻烦问题。

超过 70％的家族在代际交替的时候丧失了财富控制权。为什么？

- 15％是因为不良的税务规划，或者平淡无奇的投资业绩。
- 25％是因为没对后代进行充分的教育。
- 60％是因为家族内部沟通不畅和矛盾。

相反，30％的家族成功维持住了家族对财富的控制权。他们：

- 一心把财富当作家族企业一样去管理。
- 把家族成员的愿望融入家族宗旨声明中，方便指导决策过程。
- 把维持家族团结的重要技能传授给家族成员。[1]

最近，我们在睿智咨询研究联合公司研究过至少在两个代际交替中成功保住大型家族企业的家族，所以才有了上面的结论。以下操作可以带来这些家族所取得过的成功：

- 在理解"目标"和"价值"上，找一个共同点。
- 建立起代际家族社群(family community)。
- 以专业水准管理企业和金融活动。
- 不断适应新环境，培养不屈不挠的精神。
- 自由选择继续合作的商业伙伴。
- 积极培养家族成员技能，传授他们知识。
- 共同承担回馈的责任，一起为家族留下世代相传的"宝物"。

家族历史、家族价值观与精心设计的家族信托系统融为一体后，文化与结构两个要素就完美融入了"家族信托评估"中。

做家族信托评估的时机

推动"家族信托评估"的原因有以下几种：

- 把现有信托结构视为代际交替的内容进行评估。
- 为了教育受托人、受益人和私人信托公司经理人或者家族办公室。
- 为了应对家族交替或者信托领导人交替。
- 为了应对永久信托终止，或者重大标的分配。
- 为了指导信托的"过酒换瓶"操作，或者指导信托的司法调整，或者重新设计复杂而昂贵的信托系统架构。
- 为了告知创建了新信托或者私人信托公司。

注　释

1. 结论改编自罗伊・威廉姆斯(Roy Williams)和维克・普莱瑟(Vic Preisser)合著的《时刻准备的继承人》(San Francisco, CA: Robert Reed, 2003)。

附录六　对创建永久信托带来的常见意外后果的反思[1]

小詹姆斯·E. 休斯

过去 30 年间，美国很多律师和财务规划师在建议他们的委托人创建永久信托。这些信托常常被称为“王朝信托”。尽管现在个人可能有很多理由去创建永久信托，但长期以来，主要的动机就是想规避针对家族后代信托资产的联邦隔代移转税。受这种避税方式的激发，永久信托已经形成了一种“家族产业”。如今，这种“家族产业”业已发展到相当大的规模。很多对永久信托感兴趣的州，为在本州境内批准创立永久信托，不惜废除了反对“信托永久性”[2] 的法律规定，而且联合了之前从未设立过此类“规定”的州。新法规推翻的内容，不仅包括已经存在了 300 多年的一些旧法规，还有常见于英国和美国的习惯法先例。这些旧法规和先例的基础其实就是一条原则：与慈善恰好相反，留给个人的信托不允许无限期地存续。据我观察，创建永久信托时，过于强调了它的避税动机，以至于为了满足这种动机要求，原有的成文法规和先例法律被修改，最终导致规划师和信托创立人不能认真思考永久信托的存在将会给它的受益人生活带来何种影响，整个社会又会如何看待它的存在。在这篇反思文章中，我会把这些问题彻底讲清楚，以便规划师和创立人在思考如何用拟创建的永久信托为受益个人带来最大化收益的时候，把这些问题全部考虑进去。

在讲永久信托如何影响受益人生活的具体问题之前，我认为回顾一下永久信托的历史将会很有用。我们知道，在英国以及欧洲大陆，尤其是在法国，“信托”一词是从罗马词义——“利用”(use)演化而来。在这个法律概念中，一个人可以在一段时间内使用某样东西，但对它并不享有潜在所有权。这个概念写入英国和法国的习惯法后，发展成为“信托”。截至十字军东征，这个概念在地契中已经相当成熟。那时的法律并没有对信托期限进行区分，所以，允许信托无限期存续，或者如果你乐意，就是“永久”存续。很快，英国和法国的贵族发现，把自己的土地纳入永久信托之后，理论上讲，就能永远保留住自己的阶级身份。所以，英国和法国的土地变成永久信托就成了司空见惯的事。[3]

遗憾的是，永久信托给那些推广它的国家的经济带来了两个意外后果。第一，即便贵族家族提出了资金需求，甚至在有些情况下贵族家族早已不存在，但纳入信托的土地却往往无法转让。第二，由于不存在关注土地改良的土地所有人，而土地管理人又不彻底拥有土地，所以，土地的日常管理通常很差。当时，很多享有永久信托终身利益的受益人想尽可能地每年拿到最多的回报，根本不考虑这类规定对土地生产力造成的长期影响。通过这两种后果，英国和法国正在崛起的商业阶层发现，两地的财富中有相当一部分被浪费。同样，还有些人有钱，想创业，但因为无法购买、改良土地，所以，感到非常沮丧，结果，又加剧了永久信托对经济造成的明显负面的影响。除此之外，永久信托还会延缓财产的归属，常常导致有些家族成员，甚至贵族家族中的一整代人，全部变成“信托出资人”，染上懒惰或者靠汇款生活的恶习。对十九世纪工业时代的美国大家族而言，现在他们的第三、第四代家族成员中，有些人往往也存在同样的恶习。和现在一样，那时候这些人变懒，通常是因为这个“贵族”中没有一个成员拥有或者将会拥有封锁在信托内的资本，只是每个月从中领取固定的生活津贴，而且，当时也没有人要求任何家族成员去学习如何管理这些信托资产。实际上，对这些名门望族来说，不管从事哪一种商业活动，都有失身份。截至十七世纪末，英国的律师、商人以及经济学家都认为永久信托不仅严重阻碍了商业经济的发展(因为太多土地不能参与买卖)，而且还滥用信托的原意:虽然财产所有权得到延缓,但另一种“二手”东西却有利于商业的发展。所有这些问题最终让英国在十七世纪下半叶制定了反对信托永久性的规定。这项“规定”刚开始被判例法采纳,后来又被成文法吸收。当时,律师、法官、经济学家以及议员都认为这是一场巨大的变革。

法国的永久信托史也同样具有指导意义。在历史上,法国曾一度确立过通俗易懂的永久信托条款。然而,在 1789 年法国大革命期间,法国并没有像英国一样制定出一套反对信托永久性的规定。法国既没有做出这种变革,又没有能力参与土地买卖,最终阻碍了法国的经济增长。作为一个现代经济体,法国受此拖累,发展放缓。贵族阶层通过永久信托滥用经济资源,被拿破仑和法律专家看在眼里。于是,专家们建议拿破仑务必严肃对待,结果在 1805 年,拿破仑将法国境内的信托从《拿破仑法典》中全部删除。现在,很多法国律师正在通过“信托”(fiducie)实体努力恢复信托,因为他们觉得,没有信托,他们的委托人就无法顺畅、合理地规划他们的遗产。然而,支持这一“信托”实体的人中,没有人提出,这种信托是永久性的。

那么,从历史角度,我们该如何评价永久信托呢?可以这样说,在信托法的演变进程中,有一段时期存在过永久信托。我们可以研究这段历史,而且这段历史表明,存在过永久信托的社会,都认为永久信托不但严重阻碍了市场发展,而且滋生出了一个没有任何生产能力的阶层。毫无疑问,社会上反对永久信托的第一条意见,就是它们在历史上遏制了土地买卖。[4] 第二条,对一个根本不需要赚钱养活自己的阶层,尤其在面对那些从来不认识先辈但碰巧有幸成为其子孙,借着先辈为后辈子孙创立的永久信托,从不为生计操心的人的时候,法国和俄国社会一直都特别地不友好。

在我开始讨论可能比较新的“永久信托”的概念之前,我想起了乔治·桑塔亚纳(George Santayana)的至理警句:“忘记过去的人,注定会重蹈覆辙。”现在,很多财务规划师油嘴滑舌地推销“王朝信托”,争先恐后地用它们解决税收问题。然而,我怀疑他们中到底有多少人研究过、熟悉之前我们探讨过的永久信托的"第一章"历史，又有多少人知道很多社会早已发现新生的永享安逸的阶层令人无法接受。我并不想在这篇文章中对这些问题发表任何见解，只是想提出问题后，大家作为规划师，能够认识到这位智者的警言——"记住过去"，围绕问题，做一个全面思考。如果我们能够做到，我认为，对委托人正在提出的规划中存在的任何可能的后果，我们可以提出最好的建议。

在讨论影响永久信托受益人的几个问题前，我们先讲三个大问题。对税务规划师而言，这三个问题通常不是非常重要，然而，对肯花心思的职业人士来说，它们却非常重要。他们很担心自己的行为不仅对自己的委托人和所服务的家族，还会对自己生活和运转系统造成长期影响。此处的"系统"内容包括：关于始料未及的或意外后果的"海森堡定律"(Heisenberg's law)；社会中个人决策后果所蕴含的社会利害关系以及社会对上述后果的影响；热力学第二定律，即熵定律。沃纳·海森堡(Werner Heisenberg)曾提出：当代物理学告诉我们，宇宙运动中往往存在很多始料未及的或意外的后果。如今，越来越多的人，包括当代经济学家、社会学家和心理学家，都在各自领域发现了这种现象，称其为"海森堡法则"(Heisenberg's principle)。在海森堡和他的当代追随者之前，希腊人早已洞悉这个现象。那时候，希腊的年轻男子和女子准备进入服务行业时，这个法则就会被拿出来，告诫他们"不要做坏事"。古希腊人发现，在彻底了解上述系统以及系统中与亟待解决的问题相关的所有议题之前，着急想做好事，带来的往往是损失而不是利益。综合海森堡和希腊人的观点，我认为，既然平时我们的做法常常造成一些始料未及的或者意外后果，所以，在开始制订任何规划时，我们就应先立一条规矩——在想做好事前，务必先确保不做坏事。这条规矩特别适合用在创建永久信托的时候。为什么呢？因为规划师终有一天会离世，而他/她创建的永久信托，从理论上讲，是不会消亡的。当然，在这种情况下，围绕着信托创立人后嗣的性格特点和人生阅历、他们以及永久信托的生存环境，会有很多问题，然而无论是规划师，还是信托创立人，对这些问题都不清楚或者难以理解。由于受托人的每一位受益人转身会把永久信托融入自己的生活中，所以，规划师在协助信托创立人创建永久信托时，必须得认识到他/她将对每一位受益人的生活造成极大的影响。我认为，对信托规划师和创建人而言，他们必须放下身段，想象一下，距现在仅仅两三代之后的受益人的生活大概是什么样子，更不要讲七、八、九代之后的生活了。在易洛魁人中，当长者们开始处理部落的重大工作时，他们会对彼此讲一句警醒的话："因为我们现在决策时的细心和周全，希望七代人之后，部落的人还记得我们。"或许，永久信托的规划师和创立人在开始他们工作的时候，可能会用到这句话。没错，应该创建一个影响家族数代人的永久信托，而且必须带着巨大的谦卑之心和耐心。这样，"慢慢加速"的想法便会在脑海中形成。

在开始规划创立永久信托前，我强烈建议每一位规划师仔仔细细地思考一下这份信托会给受益人带来的所有可能的影响，尤其要留意那些始料未及的后果，并将这些想法告知可能创建这份信托的创立人。通过这种方式提醒过信托创立人后，规划师将集中精力最大限度地消除这份永久信托可能对受益人造成的负面影响，承担起他/她对信托创立人和受益人的责任，即"不做坏事"。奇怪的是，在匆忙完成税务工作，"整理出信托资料"的时候，我经常发现里面根本没谈及信托对受益人的影响。站在信托创立人的角度，工作中没花时间去思考上述问题，没去考虑创立人心中所希望的——通过提高受益人生活质量给他们带来好处——就是最大的始料未及的错误做法。为什么？因为这样的工作可能会产生一个降低受益人生活质量的信托。假如出现了这种结果，信托创立人即便非常想实现自己提高受益人生活质量的目标，但因为规划师的阻拦，可能无法再获取他/她急需的建议。

作为规划师，我们有责任告知自己的委托人所有可能会影响到他们决策的问题，确保委托人能在掌握充分信息之后，做出自己的决策。我希望，当我们的委托人在考虑创建永久信托时，想到的都是下列问题：

1. 永久信托可能会对它的受益人造成负面影响，把他们变成对"汇款上瘾"的人。

2. 导致他们丧失追逐自己梦想的机会，失去将梦想带入生活的自由。

关于这些问题，我们会和这位委托人进行深度探讨。为什么？因为这些问题往往隐藏着始料未及的负面后果，影响着受益人的生活，阻碍信托创立人提高受益人生活质量的目标。

现在开始讲我的第二个问题：社会中个人决策所包含的社会利害关系。我在前面讲过，在早期历史中的英国、法国和俄国社会，永久信托以及它所创造的永久安逸族或者非工薪阶层都不被接受。以前，美国对非工薪阶层的存在抱有同样的顾虑，于是，各个殖民地率先承袭英国的习惯法，随后各州通过制定成文法，抵制信托的永久性规定。这些成文法反映出了当时的社会民意，即无法接受下面这一事实：永久延缓财产所有权不仅阻碍了经济发展，而且阻碍了财富在整个社会内部的自由流动。这项“规定”可能还反映出社会对从不工作的世代地主阶层持有的一种顾虑。如前面所讲，我并不想评价历史上各个社会在这些问题上的观点的正确性，我只希望告诉信托规划师们，这种历史如今依然存在，而且在法国或许还有俄国，这种历史事件曾诱发了大革命。我认为，作为规划师，我们有义务将这些历史知识告知自己的委托人，以便他们在创建一个已经在其他历史时期被视为不可接受的实体之前，可以从各个方面去思考问题。还有一点非常重要，我认为也需要考虑：历史上还没有哪个社会允许在自己内部存在一个永远安逸或者从不劳动的阶层。作为一名历史学家和业余的社会学家，我必须得说，当我看到信托规划师用设计精巧的统计分析预测这些永久信托累积起巨额财富的时候，我都吓得往后退。这些信托都是规划师设计出来鼓励潜在信托创立人从他们手里购买这种信托产品的。我怀疑，这类规划师是否一边建议创建一个永远纪念创立人的信托用来讨好信托创立人，一边告诉创立人，受益人们都很开心，来掩盖事实？[5] 不管哪种情况，当代人类社会、人类的子嗣以及在社会中形成的文化和文明都在不断进步，而这种进步表明，现在的社会已经不可能允许此类“纪念物”存在过久。这在历史上的家族和王朝兴衰以及诗歌中都有所体现；还记得“奥兹曼迪亚斯”(Ozymandias)吗？我认为，社会与生物一样，都会追求创新和变化，从而适应新环境，有机会出现新的团体形式。赫拉克利特(Heraclitus)说过："万物皆变。"我想说，一个社会并不喜欢纪念物中存在的严明秩序。鉴于上面的历史知识，我想说，在指导信托创立人相信他们的规划师预计的巨大财富从长期看可能成为现实的过程中，必须得考虑一下社会中普遍存在的顾虑。读过这块内容的很多读者，现在开始想象他们的生活中没有联邦遗产税和联邦隔代移转税，但考虑一下，美国社会如果认为这两种税收可以用来规避产生一个永久安逸或者从不工作的阶层，那么，这两种税在美国重新出现的可能性有多少？这也是给这些读者们的最后一点告诫。再回到始料未及的后果定律上来，我们作为规划师，通过创建永久信托，是否在替未来的联邦遗产税和隔代移转税在美国重新构建一个合适的环境呢？

最后，也是第三个问题，热力学第二定律，即熵定律。这个物理学定律告诉我们，凡是以物质形式存在的一切事物，随着时间推移，会因为熵作用而减少。物理学中，能量可以转化成物质，物质通过熵的变化又可以从物质形态转化成能量。我不是物理学家，这样解释如此复杂的物理学概念，真对不起物理学家读者们；不过，我希望他们能理解，对那些非物理学家的读者而言，这种解释足够让这些人去理解熵的概念以及熵的运作原理。熵定律到底和永久信托有什么关系呢？熵定律认为，任何我们认为能永恒存在的人造事物都是虚幻、幻想或者你喜欢用来形容虚像的任何词语，但我认为，世界万物都是如此。这条物理学定律教导我们，除了能量转化过程永不终止，"有序至无序再到有序至无序"的过程永无尽头之外，没有什么事物是永恒的。也许，信托创立人一想到可以永远能够资助自己的后代，心里能够感到一丝欣慰，然而，我建议信托创立人应该赶紧学习一下"熵定律"，从梦里醒来，不要沉浸于这个想法。规划师为了迎合委托人自大的心理，于是建议创建一份永久信托来永远纪念委托人自己，实际上，这是迎合了委托人最坏的一种本能需求。然而，在规划师和委托人的谈话中加入熵定律的内容，不仅能让双方恢复到一种谦虚的心态，而且能让他们认识到，他们共同努力创建的一个法律实体，尤其是一个刻意延长期限的永久信托,会对其他人的生活产生巨大的影响,而他们必须确保在自己努力做好事之前,不做坏事。

我最希望的是,规划师能提前将下面三个大问题告知永久信托的潜在创立人,并和他们进行讨论:

1. 这份永久信托未来会出现很多始料未及的后果,那么,我们是否已经尽可能地考虑到创建这份信托所带来的结果?最重要的是,要看那些提高信托受益人个人幸福的信托,而不是降低他们幸福的信托。我们用到易洛魁人所说的“七代人”智慧警言了吗?我们是慢慢加速的吗?我们问过“在自己努力做好事之前,可能会做哪些坏事”这个问题吗?

2. 对这份永久信托,社会上肯定会有看法,而这些看法又会影响这份信托,所以,可能有哪些看法和影响?整个社会难以接受我们一开始就创建永久信托的想法;也许,它有自己合理的理由让我们调整以后的行事方式。上面这些话,我们都考虑过吗?整个社会作为一个系统,可能会通过某种途径来影响甚至约束我们创建永久信托的目标。我们至少得考虑过这个问题吧?

3. 熵定律现在依然有效、适用。它告诉我们,一切物质形式的东西都不会永久存在。那么,我们在规划永久信托的时候,脑海里有想过这个物理学定律吗?想过这个定律会如何影响永久信托下的生活和它的运转情况吗?

可以说,上述三个核心问题似乎很大程度上是从外部影响着信托创立人对永久信托的思考的。但我认为,永久信托要想取得成功(我对“信托成功”的定义是,从长远看,能够切实提高受益人的生活质量),面临的最大风险其实是内部风险。受托人和受益人之间的关系缺乏良好的内部管理,由此造成了内部风险,最后导致信托不但没有提高反而拉低了受益人的生活质量。沃特·凯利(Walt Kelly)笔下的勃哥(Pogo)是一个非常机灵的漫画角色。他发现人类有很多反常行为,具体就是,“在勃哥外出找敌人的时候,结果发现敌人是他自己”。我认为,前面这个问题的根源与勃哥的结论并无二致。换句话讲,永久信托没有提高受益人的生活质量,究其祸根,其实就在于信托规划师、创立人以及受益人自己。在我的从业生涯中,经常有信托受益人告诉我,信托拖累了他们的生活。我之前写过一本书——《家族财富:将财富留在家族内》(*Family Wealth: Keeping it in the Family*);还与帕特丽夏·安格斯合写过两篇论文——"论受托人的指导人身份"(The Trustee as Mentor)和"论受托人在家族治理系统中的'摄政者'身份"(The Trustee as Regent within a Family Governance System)。在这些书和论文里,我详细分析了信托受益人面临的各种问题,并指出,受托人和受益人之间的关系就像"包办婚姻",也就是说,在确立这份关系的时候,实际上一方并不是主动选择了另一方。对西半球读者而言,这类关系很可能是非常不稳定的,如果有机会选择的话,我们肯定也不愿意建立这样的关系。我测试合伙人时有个问题:"我能成为你的合伙人吗?"其实这是在问:合伙人,我能发自肺腑地把自己交给你吗?毫无疑问,我的答复肯定是:他们不会通过我的测试。另外,我还指出,受过培训、想成为优秀受益人的受益人实在是凤毛麟角。所以,我们就不奇怪为何大部分受益人不能管理好他们与受托人之间的关系。实际上,受益人往往根本不清楚他/她作为受益人在受托人—受益人关系中到底发挥什么作用、承担哪些责任。根据我的从业经验,似乎从来没有受益人真正理解,他/她和受托人之间关系的关键就是在他/她对标的资产不享有所有权的时候,应该管理好这份关系。先不说维护关系的困难,在我的经验里,还经常遇到一个更为严重的问题:受益人可能会沦为"汇款瘾君子"。在这种生活状态下,人的人力资本和脑力资本都处于"腐化"状态。打个比方,过着这种信托生活的受益人无法想象有一个月收不到受托人开出的支票时的生活状态。从心理学上讲,这类人和染上酒瘾、毒瘾、赌瘾的人一样,都无法像正常人生活。根据定义,任何染上瘾癖的人都不是自由人。信托创立人本想通过爱的馈赠,把自己的财富资本所有权转移到受托人手中,让其保管,用于提高信托受益人未来的生活质量。很难想象,任何这样的信托创立人会选择创建一个可能往往会带来相反效果和结果的法律实体。不管是永久信托,还是定期信托,都会给受益人带来这种风险。凡是真心指导委托人的规划师，应该永远记得把信托可能产生的这种具有启发和教育意义的观点告知委托人。在永久信托中，这些观点实在太重要了。为什么？因为根据人口统计学的概率法则，家族后续每一代人里成为信托受益人的人数将出现几何增长。所以，根据家族可预期的正常生育率数据，永久信托比定期信托更有可能产生对“汇款”上瘾的受益人，因为随着时间推移，未来会有更多的人可能染上瘾癖症。未来打算创建永久信托的创立人有权知悉这种可能。

在所有类型的信托中，还存在一种现实情况。很多受益人：(1)感觉自己不配成为受益人；(2)认为信托阻碍了他们的自身发展，限制了他们选择自己生活方式的自由；(3)压低了他们的自我价值。名下没有信托的普通人似乎很难理解这种情况，但实际上，这确实是信托带来的一种现实生活。很多受益人认为，信托破坏了他们的创造力，打击了创造属于自己东西的热情。他们从心底里抛出疑问：假如没有这个信托，他们会干什么？会更幸福吗？会因为自己独一无二的才能和天分而更受人尊敬吗？除了这些，他们平时总感觉亏欠一个自己可能永远不会遇到的人，还要对这个人的历史事迹顶礼膜拜、心怀感激并且效仿学习。只是因为DNA的重新组合，他们才和这个人(他/她)产生了关系，但他们还是会问自己为什么要做上面的事。实际上，在信托把他们拘泥在他/她的过往事迹中的时候，这些事迹也许会让他们局促不安。再次重申一下，正如本文其他部分所讲，受益人在这一问题上的看法正确与否，我并不做评判。显然，受托人心怀各种顾虑。我希望，这些顾虑能让潜在信托创立人知晓。这样，他们在思考问题时，就能一并把这些顾虑考虑进去。

信托生活中还有另外一种现实情况：受托人本应该发挥教育和指导作用，但实际上并没有。在我的经历中，很多信托的受托人自己都“腐化”了，导致这些信托根本没有实现创立人想要提高受益人生活质量的终极目标。这些受托人往往不能紧跟时代潮流，用老思想去解决新问题。更有甚者，有些受托人开始把自己当成这份信托名下财产的实际所有者，好像自己就是信托创立人的“另一个自我”，而不是信托受益人的利益代表。

他们开始认为自己比受益人更清楚受益人该怎样去过有信托的生活。于是,他们成了没人要的“父母”,更糟的是,当现实生活需要他们把受益人视作人类和一种有智慧的生物去帮助其成长、发展的时候,他们的表现却像独裁者。还有个很常见的情况,尤其在一份长期信托的后半段更常见。在这段时期,信托创立人已经去世很久,受托人之前也根本不认识他/她。于是,这些受托人开始在生活中确立自己对这些信托财产的所有者身份和地位,然后便我行我素,全然忘了他们只是受益人以及未来受益人的服务者。

现在,我们讲一下永久信托在信托治理方面带来的特殊问题。思虑周全并且建议创建永久信托的信托规划师,以及这些信托的创建人,将来肯定会认识到,如果受益人和受托人的关系超长时间维持下去,信托治理很可能以失败而告终。所有信托治理都有失败的风险:对受益人而言,可能对汇款形成依赖;对受托人而言,可能变得“腐化”,中饱私囊。可惜,就在信托被定义为长期信托的时候,受托人和受益人并不看好这份信托以及两者之间的关系。这让“熵定律”有了自由发挥的空间,导致此时信托治理的失败风险非常高。令人高兴的是,现在聪明的规划师手里都有一系列保护受益人和受托人的奇招妙法,以免他们受到信托治理失败的影响。其中有一条,我认为特别重要:我觉得,要解决信托治理失败的问题,最重要的在于找到善于教导他人的受托人。这样的人会积极与受益人携手完成信托创立人的终极目标——培养受益人的人力和智力资本,最终提高受益人的生活质量。可是,如果熵定律通过信托的“副作用力”,把受益人变成了没有独立能力的人——在此,那些不教导人的受托人经常会推波助澜——就再也没有任何东西可以让受益人免受自我伤害了。指导型受托人如果努力想和受益人建立极为融洽的关系,而受益人如果也很努力想处理好与受托人的关系,此时,他们才真的有可能取得成功。只有管理好两者之间的关系,设立信托的目标——提高受益人的生活质量——才有希望实现。随着受益人和受托人开启这段自我管理的过程,受益人可能会想:不管是永久还是定期,这份信托给自己带来的什么结果能最大限度地提高自己的生活质量？我认为，受托人和受益人一开始就应该知道，对每一个受托人而言，以下三个目标体现出了巨大的价值和良苦用心：

1. 成为一个彻底了解自我的人，并在实现个人自由后，有能力独立生活。

2. 深知自己肩负的生活使命，并践行这份使命，以此实现自我的人生理想。

3. 有能力对自己的行为负责。

如果信托就是为了实现创立人提高收益人生活质量的初衷，那么，我认为受托人和受益人都应该朝着这个方向努力。我担心，对于永久信托，受益人可能会问：既然我、我的孩子乃至后世子子孙孙都不是信托资产的所有人，我为什么要费心去做一个出色的受益人，管理好信托，还要费尽心思维持好我和受托人的关系？在我可以什么都不用做的时候，为什么我必须得努力学做一个"好管家"？为什么我要工作？为什么我要做学徒？为什么我要找到自己的使命？得有人问这位受益人一些问题，让他/她明白：如果他/她想彻底成为独立的人，实现自我价值，这些问题必须得有人回答。我们希望信托创立人在规划师的提醒下能够认识到这些问题和现实。我们还希望，创立人和规划师能够在他们设立的信托中为受益人准备好提问的方法；精挑细选出准备充分的受托人，服务并协助受益人找到这些问题的个性答案。在回答完这些问题后，这份信托便能像信托创立人和规划师所希望的那样，提高受益人的生活质量。

和所有信托一样，永久信托可以提高受益人的能力，使其更能自知、独立，追求自己的使命，对自己的行为全权负责；或者也可以什么事都不用做，养成依赖的习惯，过着一种堕落的生活，心中满是伤感。然而，从永久信托的历史中可以看到，它比定期信托更有可能让受益人养成依赖性，所以，我才特别担心永久信托的问题。这些担心是否会变成现实，只有等到很多年后这份信托的第二代、第三代受益人出场的时候才知道。我希望，这篇文章和其中提出的几个问题可以给生活在当下的信托规划师和信托创立人提供帮助,让他们认真思考一下,共同创建的这些信托的受益人的生活会受到哪些影响。也许,对未来一些受益人而言,这些思考以及花费在思考问题上的时间,很可能会让他们的信托真正地提高而不是降低受益人的生活质量。假如某些永久信托做到了这点,很可能这些信托的创立人早已将桑塔亚纳的那句有关往事的名言警句深深地埋在了心里。另外,我感觉我写的这篇文章,在实现信托创立人的目标上——通过设立永久信托,将自己爱的馈赠交给受益人以及家族未来世代子孙;受益人则会把这份馈赠的目的理解成是为了提高他们的生活质量——以后一定会发挥一些作用。正是通过这样的馈赠,受益人才真正会尊重并感激信托创立人的高瞻远瞩。想把赠与活动做得很周全,往往一开始需要想一想:这份信托是否会带来伤害?然后,再考虑一下,这份信托是否能带来好处?

注　释

1. 首次发表在《追踪杂志》(*Chase Journal*(5:3), 2001)© Hughes & Whitaker。

2. 标准的"反信托永久性规定"援引自 Scott, 62.10:"除非在某人创建权益的 21 年以后——如果可能——该权益必须得到授予,否则,任何权益均不值得提倡。"

3. 虽然这部分不是本文主题,但当时,永久信托确实被教会广泛地用于占有土地,直至英国和法国部分地区的教会成为最大的地主阶级。随着十五世纪和十六世纪欧洲商业环境的现代化,这种现象引发了社会对教会世俗化作用而非宗教精神作用的极大不满。商业行为受到阻碍,土地在中间扮演了极为重要的角色。当时英国都铎王朝就认为土地问题给英国的发展造成了很大的伤害。所以,经济阶层中很多人非常支持亨利八世"宗教改革"中的没收并重新分配教会财产的决定。当时,为了加速英国经济发展,这其实是一项非常有必要的改革措施。

4. 我发现,有些读者可能觉得这段历史不适合用在现代经济环境中。毕竟,现在的财富形式更多的是动产,而非不动产。这篇文章也不适合用作经济辩论。我只会看到,几乎每一份信托的受托人都是按管辖信托活动的州级法律办事。根据法律,受托人必须“在利用信托资产进行投资时谨慎行事”。同样，对非谨慎型投资机会，他们可以选择放弃。在商业中，创新就是要敢闯、敢冒险。我认为，创新以及创新中暗含的风险都没有在州级法律有关谨慎问题的约定中体现出来，而且，因为受托人日常管理的是别人的资产，所以，情况确实如此。为什么呢？因为这就是一个非常简单的风险—收益情况。随着时间变化，一个行事务必谨慎的受托人无法承受如同可以利用自己手中资源的企业家所能承担的风险。所以，渐渐地，市场中该受托人的报酬相比于其他类型投资人而言，应该而且肯定会越来越低。这个思维逻辑在永久信托中流传了好几代人，我们从中强烈地感受到：假设市场是中性的，信托资产将不会与整个市场保持同样的增长率。倘若这个市场假设是真的，那么，这些信托最终会证明自己和那些拥有土地但又不能用土地交易的信托一样，阻碍了商业发展。在后续正文部分，我会详细讲解“熵定律”（“腐化问题”）。请大家妥善利用这一思想，在信托资产被没有进取心的人永久持有时，解决好这些资产管理中的“风险—收益”问题。我父亲以前一直告诫他的企业所有者客户（business owner clients）：将他们的公司股票放入信托，似乎是让自己公司永久存在的最佳办法。但根据他的经验，那些当初没有投资这家公司却在信托创建之初就已经拿到该公司股票的受托人，往往成为很可怜的股东，因为他们并没有做出像优秀股东一样的冒险型投资决策。他还说，受托人必须根据法律规定，采取分散风险的措施，那么，在这些法律要求下，受托人会在多大程度上实现信托让与人的目标呢？当然，“起草文件”可能会有帮助，但法官们衡量受托人表现时，会把“谨慎和多样性”作为最终的评判标准。我认为，这些观点非常重要，我们在根据历史对永久信托的评判以及我们目前掌握的市场运行规律，评估已经取得了长期市场成功经验的永久信托会有多少机会在当今社会中取得成功的时候，希望能够将此考虑进去。

5. 亚里士多德提出过，对西方人而言，寻求幸福的“路途”中困难有多大？“路途”的意义有多少是关于了解自我、寻找使命、活出自己梦想的呢？继承这些纪念物反映出的其他梦想，意义又有多少呢？我怀疑，这些信托规划师们是否研究过这些问题。我认为，孔子、苏格拉底、释迦牟尼、甘地还有二十世纪很多著名人物，比如荣格（Jung）、马斯洛（Maslow）和艾瑞克森（Erickson）针对追求幸福“路途”都提出过很多看法。在这个过程中，什么会提高人的生活质量，哪些又会降低人的生活质量？他们每个人回答的方式尽管各不相同，但都殊途同归。